東京の沖縄人

インタビュー：「東京」で暮らし「沖縄」を思う若きウチナーンチュたち

新垣《あらかき》譲《ゆずる》

ボーダーインク

お菓子・冷し物一切
古商店
スカッとさわやか
コカ・コーラ
BLUESEAL
NA TAILOR
地元のビールが
ダンゼンうまい
ORION
BEER
アメリカで一番人気の
WRIGLEY'S
DOUBLEMINT
CHEWING GUM
ゲンキ
ヘロン
ドレスメーカ
2848

はじめに

第Ⅰ章

第Ⅱ章

第Ⅲ章

第Ⅳ章

ジャケット・口絵イラスト　金城　勇二

はじめに――「東京の沖縄人」1993年―2002年

「東京の沖縄人《うちなーんちゅ》」の連載を雑誌『Wander』ではじめたのは1993年。8月25日に発行された10号からだった。

知らない人のために説明しておくと、『Wander』とは沖縄発のコラムマガジンで、一応年4冊出ることになっているが、2冊しか出ないこともあるいたってのんびりとした雑誌だ。

連載に当たっては深い意図があったわけではなく、編集長の新城和博さんと「特別なことなんかしてなくていいから、ごく普通に東京で暮らしているウチナーンチュたちがどんな生活をしていて、沖縄をどういうふうに思ってるのか聞いてみたら面白いんじゃない」、という軽いノリでスタートした。ちなみにぼくは生まれも育ちも東京の「沖縄二世」で、そういう視点から東京で暮らしている同世代のウチナーンチュたちを書いてみたいという思いもあった。

なんの制約もなく、たったひとつの条件は「若い」という曖昧なもので、しかも自分たちも「若い」と思っていたため、「上限はだいたいぼくたちぐらい」というように決めたような気がする。

93年に始まった連載は、途中体裁を変えて2000年3月15日発行の28号まで続いた。

約7年間のあいだにインタビューしたのは17人。その間沖縄では、復帰二十周年前後の「沖縄ブーム」、米兵による少女レイプ事件、基地に関する県民投票、太田・革新県政から稲嶺・保守県政へ、そして2000年の沖縄サミットなど、ざっと思い出すだけでもいろいろな出来事があった。そしてそれらの出来事はさまざまな形でインタビューのなかに現れている。

そう、「東京の沖縄人」は個人の聞き書きであると同時に、そのまま当時の沖縄の状況を反映しているというわけだ。

インタビューをした人たちは、ぼくの友人、飲み屋で出会った人、電車内で出会った人、インターネットで見つけた人、知り合いからの紹介などてんでばらばら。でも、最初のインタビューは、この連載のはなしがあったときから決めていた。仕事でもプライベートでもちょくちょく顔を合わせていた伊志嶺安昭。ふたつ返事で了解してくれた伊志嶺と、しかしながら改まってはなしをしたのはこのときがはじめてだったかもしれない。

＊　＊　＊

「東京の沖縄人」最初のインタビューはこんな感じで始まっている。

伊志嶺安昭

憧れの島になってるんですよ、生まれ育った八重山がね。

ISHIMINE Yasuaki

1993年

伊志嶺安昭、27歳。デザイナーを目指し、八重山から上京したのが8年前の1985年。現在は印刷・写植を行う会社でコンピュータを使い、データを出力する仕事をしている。仕事は毎日朝9時30分から。帰宅するのは22時、23時は当たり前、忙しいときには0時を過ぎることも珍しくない。

さて、そんな彼は仕事がとっても忙しいことを除けば、特に人と違っているわけではなく、逆に言えばごくごく当たり前の、東京にいるウチナーンチュのひとりにすぎない。じゃあそんなありきたりなウチナーンチュ伊志嶺は、東京でどんな生活をしていて、どんな思いで沖縄を見ているのだろうか。

「高校卒業して東京に来たのが19歳のとき。それまではテレビとか雑誌でさ、東京の情報っていうのは入ってきてたんだけど、それがあまりにも八重山の状況と違うわけ。お店とか町並みとか雰囲気から全部。だから東京っていう街の存在はわかってたんだけど、どっか頭のすみにね、本当にね、この海の続いた向こうにそんな土地があるんだろうかって思ってた。半信半疑っていうのかな、まぁ、あるのは当然なんだけど、見たことないからさ、それを自分の目で確認したいっていう。それがまあこっちに出てきたいちばんの理由かな。

いまはね、杉並区のマンションに弟と住んでます。マンションっていっても、すごく狭いんだけど。いまはふたりだからいいけど、多いときはね、妹ふたりといとこのお姉さん、それと僕で狭いところに4人もいてさ、夜中に仕事から帰るともう寝る場所がなくてね、台所に布団しいて寝たりしたこともありましたよ。会社とかでね『よく兄弟なんかといっしょに住めるね』なんて驚かれるけど、僕は弟とか妹の面倒を見るのは当然だと思ってるから。どうもそこらへんの感覚が違うみたい。

仕事は写植とか版下を作る会社に勤めてるんですけどね、人手が足りなくてものすごく忙しいんですよ。マッキントッシュを使って、データの出力をするのが僕の仕事なんだけど、マックをいじれる人が少ないもんだから全部抱え込んじゃって。本当はもっとデザインとかレイアウトもやってみたいんですけどね。

もともと高校の頃はデザイナーになろうなんて思ってなかったんですよ。写真にも興味があったし、電気も好きだったから。結局この道を選んだのは、沖縄でやった海邦国体がきっかけですよね。国体のシンボルマークを募集していて、応募してみたら選ばれちゃったんですよ。それでなんか、ようしやってみようかって。もしかしたら僕には才能があるのかもしれないみたいな。高校3年生のときで、その頃はデザインと美術の区別もわからなかったんですけどね」

伊志嶺安昭はとらえどころがない。いつも物静かで気負ったところがなく、ぼーっとしてるようでいて、鋭く観察している。寡黙なのかと思うと、静かな口調で語り始める。いつでも自然体でいて冷静で、ヘンにポーズをとることがない。

だから東京に来るときにも、「島には絶対に帰らない！」なんていう気負いとは無縁だった。ただ東京に出てデザイナーになるという静かな思いだけを燃やして島をあとにしたはずだ。だが、現実は甘くはない。親に負担をかけないようにと、アルバイトで生活費と学費を稼ぎながら専門学校に通うも、卒業するまで通いとおすことはできなかった。

それでも彼には、卒業こそできなかったものの、学ぶべきことはすべて学んだという自負があった。そんな自負を胸に、伊志嶺はデザイナーとして経験を積める就職先を探し、そして見つけたのが現在の職場というわけだ。だが、残念ながら今現在の伊志嶺の仕事はデザイナーではなく、コンピュータのオペレーター。当たり前のように残業の続く毎日のなかで、伊志嶺はいまでもデザイナーになるという夢を持っているのだろうか？

「僕はね、もともと性格がのんびりしてるし、好きな言葉がね、『人生なんとかなるさ』みたいな。仕事なんてなんだっていいんですよ。とりあえずその日喰えればいいし。

全然自分に自信がないとかっていうことじゃなくて、自信があるから『なんとかなるさ』って平気で言えるのかもしれないけど。将来的にはデザイナーとしてやっていきたいとは思っているんだけど、それが来年なのか再来年なのか、もっと先になるのか、それはわからないけど。東京に来た頃はなにも知らなくて、学校を出ればすぐにでもデザイナーになれるものだと勘違いしてたんですよ。いま思い出してみても、ホントに世間知らずだった。

知らなかったもんね〜東京なんて。国鉄に乗るにしても、『国鉄』って言って国が経営してるわけでしょ、だから当然すごくカッコイイ電車だと思ってたわけ。それが、はじめて中央線に乗ってみたら、なんだか黄色いタクアンみたいな箱形の電車でしょ。『ええっ、これがっ？』ってびっくりしたの覚えてる。

もうちょっとカッコイイね、たとえば先が尖っているとか流線型になっているとか、そんなのを想像してたからね。要するにそこまでなにも知らなかったわけですよ。

当時、僕といっしょにね、八重山からこっちに出てきた同級生は、たぶん50人近くはいたと思いますよ。いま残っているのはどれくらいかな、20人近くはいるんじゃないかな。たいがい地方から出てきた連中っていうのは、まず連絡取りあって集まるじゃないですか。自分の場合はそれがなかったんですよ。仲が悪いわけでもないし、意識的に避けたわけでもぜんぜんなくって。なんかこう自分の年代ってそういうのがないんですよ。それでも年に何回かは集まってましたけど。

そのうちに僕がアパートを転々として住所不定みたいなかんじだったし、まわりにも連絡先を言わなかったもんだから、声がかからなくなっちゃって。そんなわけで、こっちではなかなか同級生とも会えないんですよ。たぶん珍しいケースだと思うけど。

だからかな、逆に八重山のことがすごく新鮮に思えるんですよ。こっちで会えないぶんだけ、みんなとなーなーになってないから。年に1度は金がなくても必ず帰るようにしてるんだけどね、帰るともううれしくって。1年ぶりでも、ようやっと帰ってこられたっていう気持ち。1年間待ちこがれて待ちこがれて待ちこがれて帰りますからね。食べ物もおいしいし。

そう、食べ物はね、出てきたばっかりの頃はすごくつらかった。無性に沖縄料理が食べたくなって。だから実家からみそ汁とか中身汁とかを冷凍して送ってもらったりしてね。アパートで温めなおしてさみしく食べてました。

あと、本当はいけないいんだろうけど、バナナが採れると宅急便で送ってもらったりもしたな。いまはね、けっこうこっちでも食材が手にはいるようになったし、沖縄料理屋も見つけましたから、食べ物に関してはそれほど不自由は感じてないですね」

僕は「日本人」じゃなくて、やっぱり「沖縄人」だと思う

はじめて八重山を訪れたのは高校2年の夏休みだった。石垣島の川平にいる知り合いの家に泊めてもらい、バイクで島中を走り回った。なによりも海の色が強烈で、その鮮やかさは沖縄の海とも違うことに驚かされた。水面に浮いて、水中マスクで覗いているだけで幸せだった。色とりどりの珊瑚の間を縫うように泳ぐ熱帯魚。潮に揺られて踊るように動く植物や、雲の影が海底に

映ってゆっくりと移動していく様子をただぼんやりと眺めていた。その後、小笠原諸島、バリ島、モーリシャス、フィジーなど、海がきれいといわれる島に行く機会があったが、どこも八重山ほど魅力的には思えなかった。

「ほんとうにそうなんですよ。僕も最近ダイビングを始めて、改めて八重山っていいところなんだって思っちゃいましたよ。もし八重山にずっと住んでいたとしたら、ダイビングをやっても、海がきれいなのは当たり前だからこんなに感動しなかったかもしれない。

最近はね、潜っているときのこと、例えば潮の流れがゆらゆら頬を伝っているとか、水中から眺める青空の様子とか、そんなのを思い出すと、無性に島に帰りたくなるんですよ。なんかこう島が海に浮いていて、上には雲があって、おいでおいでをしてるみたいな。そんな情景を思い浮かべてるとね、島の空気とかを思い出しちゃうんです。

もしかしたら僕の今の感覚っていうのは、八重山の島人《しまんちゅ》の感覚じゃないのかもしれない。8年間も離れてるし、同級生と会わなかったりとかの影響かな。だから、八重山の海や自然に憧れて、島に住みたいとか思ってるヤマトンチュがいますよね、そういう人たちのほうにかなり僕は近いんじゃないかな。

昔は八重山に住んでて、そのときの記憶とか匂いとかいろいろ覚えているのにね。八重山はもう憧れの土地になっちゃってるんですよね。実家はそこにあるのに。八重山に帰ってね、仕事のことはとりあえずおいといて、できれば自分の島を持ちたいんですよ。その島でなにをするか。自分の家たてて、広々とした庭があって、ヤギを飼ってもいいし。

でね、普段そこで生活しなくてもいいんです。東京から友達が来たら連れて行くとかね。八重山は本当にきれいだっていうのを見せたいし。ほら、ツアーとかで行くと見るとこなんて決まってるでしょ。名所とかグルってするだけで。本当の八重山っていうのはそれだけじゃないから、だから自分の島を持って、みんなをそこに連れてって、のんびり楽しませて、本当の八重山っていうのを見せてあげたいんです。本当に考えてやまないんですよ。

八重山が好きな理由のひとつにね、いろいろ神話があるじゃないですか。たとえば『パイパティローマ』とか。波照間よりずっと南にある伝説の島ですよね。僕はああいうの大好きなんですよ。例えば、自分がいま帰りたいなと思って、頭のなかで島を想像するじゃないですか。海があって、島が浮いていてて、緑に覆われてて、島の上には雲が浮いてて。そんな情景を思い浮かべていると匂いも感じるし、風も感じるし、島がおいでおいでをしてるみたいに揺れて。そういうのってもうパイパティローマの世界だと思うんです。

自分がいまいる場所より、さらに南にある幸せの島。こんな感覚は東京に出てきてからのことですけどね。なんだかんだ言っても、やっぱり僕は沖縄の人間なんだ、沖縄人なんだなって実感するんですよね。うん、日本人じゃないですね。

去年から今年にかけて、復帰20年だ、植樹祭だって騒がれたでしょ。でもその前にね、海邦国体のことも含めて考えなくちゃいけないと思うんですよ。

僕は国体のときに帰ってね、開会式に招待されて座ってたんですよ。そしたらね、僕のすぐそばの貴賓席みたいなところに、いまの天皇、だから当時の皇太子が来てたんですよ。ほら、あのときはいろいろあったでしょ、日の丸燃やしたり。あと、吹奏楽部が演奏しないとか。

彼らはまだ中学生とか高校生ですよ。なんかね、自分はそこまで深く考えたこともなかったしね、それどころか招待された側でしょ、すごく居心地が悪かった。あの人たちの気持ちがわからないでもないし、でもなんでそこまでやるのか理解できない面もあったし。

いまになってみるとね、じいちゃんやかあちゃんから何度も聞かされた戦争のはなしとかを思い出しながら考えてみると、やっぱり天皇は違うんじゃないかと思うんですよね。天皇が簡単に沖縄に行くのは違うと思う。だから今回の天皇皇后の沖縄行きには僕も興味があったんですよ。（注　93年、沖縄県で行われた全国植樹祭で、戦後初めて天皇が来沖した）沖縄に行ったのは昭和天皇ではないけれど、でもなにか起こるんじゃないかなって。あっけないほどなんにもおこらなかったですね。

思うんですけどね、戦争とか天皇について、僕より下の世代の沖縄の人ってだんだん考えなくなってきているんじゃないのかな。というのも、僕の親の歳でぎりぎりの戦争体験者でしょ。話してくれる人がいなくなってきてるから。こんな危機感ていうか、あららっていう状況は、外から見てるとよくわかるものなんですね。

まぁ、なんだかんだ言ってみても、僕は沖縄で生まれて、八重山で生まれて、沖縄人で本当に良かったって思います。別にそれはなにも難しい理由じゃなくて、ああいう風土とか親戚とか、いろんな環境に囲まれて生まれて、そこでずっと育ってきて、それだけのことなんだけど。とてもひとことなんかで説明できる理由じゃないですよね。

もう肌に染みついてるっていうのかな。そういう感覚で、ああ本当に良かったなって感じるんですよ。でももしかしたらこういう思いっていうのは、東京に出てきたからこそ感じられたのかもしれないですよね」

なんでそういうはなしになったのか、酔っぱらっていて覚えていないが、キジムナーのはなしになった。すると彼が真剣な顔をして、実は高校生の頃、キジムナーに打たれたことがあるという。

夜遊びをしようと家を出て歩いていると、大きなガジマルの木の下にさしかかった。するとなにかがスルスルっと降りてくる気配がしたと思ったとたん、体が動かなくなり、そして右の肩をビシッと木の枝のようなもので打たれたというのだ。姿は見えなかったが、あれは絶対にキジムナーの仕業に違いないという。ふざけているのかと思って顔をのぞき込んでみたが、目が真剣だった。

東京にはガジマルの木はない。ましてや夜でも明るい街には妖怪の居場所すらない。たくさんの伝説が残っていて、妖怪の住む島からやってきた伊志嶺が島を思う気持ちは、東京での生活が長くなればなるほど強くなっていくのだろう。年に1度、待ちわびて待ちわびて帰る島のある彼がうらやましく思えた。Ⓣ

＊　＊　＊

このインタビューを振りだしに、2、3ヶ月に1度、東京に暮らすウチナーンチュと会い、インタビューという名目でしこたま酒を飲むことになった。それはもうインタビューという名の飲み会で、「こんなはなしでほんとうにいいんですか?」なんて心配されることもしばしばだった。そして7年後、『wander』での連載を終えるにあたり、最後に大酒を喰らったのは再び伊志嶺安昭だった。

ISHIMINE Yasuaki
2000年

島に帰ったら、自分の身体に合った服を着れるんだ。

93年の7月、ぼくは高円寺の居酒屋で、八重山出身の伊志嶺安昭とふたり、泡盛を飲んでいたはずだ。テーブルの上には、録音中の赤いランプが点灯したカセットレコーダーもあっただろう。当時27歳だった彼は八重山を出て8年。印刷会社で働き、将来的にはデザイナーになることを夢見ていた。その時のはなしは、「東京の沖縄人」の第一回目として『wander』10号に掲載されている。それから7年のあいだ、ぼくは東京に暮らす16人の若いウチナーンチュと酒を飲み、はなしを聞いてきた。取材というよりは、とりとめのないユンタクを楽しんでいたようなもので、気がつくと録音しているテープがとっくの昔に止まっているなんていうこともしょっちゅうだった。

そして今回、『wander』のリニューアルということで、「東京の沖縄人」もひとつの区切りを迎える。特集は「やり残したこと」。この連載を続けている間、ぼくはいつも物足りなさみたいなものを感じていた。それは、インタビューを受けてくれた人たちに対してではなく、語ってくれた夢や目標みたいなものが、その後どんなふうに実現されていくのか、はたまた変化していくのか、それを見続けられないという、もはや仕事を離れてのもどかしさだった。だからぼく自身の「やり残したこと」として、今回は「東京の沖縄人・その後」ということで、一番最初に登場してもらった伊志嶺安昭にしめくくってもらうことにした。


今年の1月4日、ぼくは久しぶりに伊志嶺に電話をした。何年ぶりだろう？　最初に取材する以前から、彼とは家が近かったこともあって、よく一緒に飲みに行っていたのだが、ぼくが何度も引っ越しをくりかえし、あげくには東京を離れてしまってからは、連絡すらとっていなかった。ただ、人づてには、以前つとめていた印刷会社を退職してデザイナーとして一人立ちしたこと。そして結婚して子供もうまれたというようなことを聞いていた。ところが電話から聞こえてきたのは、仕事を辞めて、2月には八重山に帰るという思ってもみないはなしだった。

1月15日の夜、下北沢にある伊志嶺行きつけの沖縄料理屋で、5年ぶりくらいで再会した。

「あれからいろいろありすぎて、なんのはなしからしたらいいのか。結婚して、子供が産まれて、離婚して、7年の間にいろいろあったから。2月に八重山に帰ることにしているんだけど。とりあえず体を休めて、それからゆっくりとまわりを見ながら仕事の可能性を探していこうと思ってるんだけどね。

仕事はいままでどおりデザイナーとして、本とか、雑誌のレイアウトとか、ポスター、チラシの制作ができればね。地元の情報誌をやってるのが知り合いだから、一緒にやっていければそれもやってみたいし。それに、パソコンをひととおりこなせるから、そういうのを教えられればいいかなとも考えてる。

そんなところから始めて、僕はライターではないんだけど、八重山から東京の雑誌に島の紹介とか、発言ができるようになればいいなーなんてね。そんなことをいろいろ考えてはいるんだけど、まだなにひとつ具体的なことは決まってないんでね。いままでの経験は経験として、とりあえず一からの出直しかな。

7年前にも言ったけど、島があって、青い海があって、島の上に雲があって、島がゆらゆらして、おいでおいでしているみたいな光景ね、あれはいまでも頭のなかに時々出てくるの。その島にね、帰ろうって決めたのが去年。自分が一番最初に目指したものを、島に帰ってぶつけてみたいっていう気持ちになった。長いこと東京にいて、東京の人たちに合わせて、会社のやりかたに合わせてやってきたんだけど、何年たっても自分の中ではギクシャクしたものがあったんですよ。でも、生活していかなくちゃダメじゃない、だからやってきたんですけどね。もうそういうのはやめにして、生活のベースは島に置きたいと、そういう気持ちだね」

昨年の10月、伊志嶺は祖父をなくした。葬儀のために島に戻った彼は、その時に島に帰る決意を固めたそうだ。肉親の死は、自分の体に脈々と受け継がれてきた血や、育ってきた環境といったものを改めて考え直す機会になったのかもしれない。そして祖父の墓前に立ったとき、頭のてっぺんから足のつま先まで、しっかりと地面についている気がしたという。逆を言えば、東京での生活は忙しいながらも、どこか宙ぶらりんな不安定さを感じていたということだろうか。

しかしながら、東京で暮らすようになって15年。ということは、彼は今までの人生の半分近くを東京で費してきたことになる。仕事を優先に考えるならば、彼の能力とキャリアを考えても東京に残った方が得策であることは間違いない。マーケットを考えてみても、比べるまでもなくそれは明らかなはずだ。「せっかく頑張ってきたのに、いまここで帰ってしまうのはものすごくもったいない」そういうふうに言う人もいっぱいいただろうし、正直にいえば、ぼくもちょっとばかりそう思ってしまう。

でも、仕事＝生活ではない。ぼくも東京から逃げ出したくちだが、自信と勇気がないもんだから、東京にかろうじて日帰りできる距離までしか離れられなかった。東京は好きじゃないと言っていながらも、仕事の面では東京にベッタリと依存している状態なわけだ。そんななかで仕事と生活を天秤に掛けて、自分ではなんとかバランスをとったつもりでいる。東京にいたころと比べると、仕事の量も収入もだいぶ減ってしまったけれど、毎日の何気ない日常生活は比較にならないほど満足している。

7年前の『wander』で、伊志嶺はこんなことを言っている。

『本当はもう帰りたくって帰りたくってしょうがない。仕事なんてなんだっていいんですよ。とりあえずその日喰えればいいし、僕はね、もともと性格がのんびりしているし。好きな言葉がね「人生なんとかなるさ」みたいな、その程度なんですよ。ぜんぜん自分に自信がないとか、そういうわけじゃないから、逆に「なんとかなるさ」って平気で言えるのかもしれないけど』。

八重山に戻って、たとえデザイナーとしての仕事が思うようにいかなかったとしても、しっかりと地に足をつけて生活していくことができるのであれば、東京で自分を押さえてまで仕事を続けていく必要は、まるでないのかもしれない。

東京で染まった色が落ちて、自分の色と混ざり合ったような

ぼくは伊志嶺を、もう沖縄には帰らない人なんじゃないかと思っていた。この7年の間『wander』ではなしを聞かせてもらった人たちも、数人が沖縄に帰ってしまった。残っているのは、専門職についていたり、東京で結婚したという人たち。

「僕も一時期までは、自分は沖縄には帰らないんじゃないかと思ってたね。帰るとしても老後かなって。ところが去年帰ったときに、久しぶりに同級生とかと会っていろいろはなしをしてね。そうしたら、ああそうかと思ったことがあって、それは島の中心はもうぼくらの世代なんだなっていうことなんだけど。仕事にしても、そこそこの責任ある立場につくようになっているし。そういうのを見て、僕もそこにとけ込んで一緒にやっていこうかなーと思ったときに、それは今し

かないんじゃないかって考えたの。今ならまだ間にあうかなってね。

今までも何度かもう帰ろうかと思ったけど、いやもっとこっちでやらなくっちゃみたいな感じで帰らなかったけど、僕の世代が島で頑張っているいまの時期っていうのは、帰るのにはいちばんいいのかな。これまでも心の中には『いつかいつか』とか『いい機会があれば』っていうのがずっとあったね。でもそれを自分で見ないふりしてきたわけなんだけど、この歳になってみて、素直になってもいいのかなーって肩の力が抜けた感じで。だからなんて言ったらいいのかなー、帰る理由っていうのは一言じゃとてもいえない。2000年で区切りがいいからなんていうことじゃないし、要するにいろんなことが重なって、これはもう自分自身の曲がり角なんだろうね。

だけど東京でやってきた何年間かの蓄積っていうのは島に戻ってもなくなるわけじゃないし、八重山っていうか沖縄全体が持っている文化には簡単に負けないなにかみたいなものは掴んだつもりでいるし。そういう気持ちっていうのは、東京に来なかったら持てなかっただろうから」

たぶんまだ東京に未練もあることだろう。長いことひとつの場所に暮らしていれば、さまざまな人間関係や仕事上のしがらみが作られていく。東京の色にも染まるだろう。そういったものが複雑になればなるほど、そこから抜け出したいと思っても、抜け出すのは難しくなる。そういう状態から抜け出せるとしたら、それは自分の思いだけではなく、背中を押してくれるような出来事が必要なのかもしれない。

「八重山から東京に出てきたときね、僕はなるべく同級生とかと会わないようにしてたんですよ。

それは仲が悪いとかっていうんじゃなくて。なんでそういうふうにしてたのかよくわからないんだけど、考えてみたら、自分を真っ白な状態にしようと思ってたのかもしれない。

沖縄から色を持ち込むんじゃなくて、真っ白な状態にしといたうえで、それからどんな感じに自分が変わっていくのか見てみようっていうのがあったんじゃないかな。でね、確かに染まった。それなりに染まった。それがおもしろいんだけど、今になって染まった色が落ちてまだらになって、もともと僕が持ってた色と混じり合って、別の色がバーッと出てきたっていう感じかな。そういう色を持って帰ることに、ちょっとワクワクするね。

考えてみると、東京にいる間っていうのはなんかずっと自分の体に合ってない服を着ていたような気がするんだよね。だから肩肘はらなくちゃならなかったり、動きづらかったりして。だけど島に帰ったら自分の体に合った服を着れるから、きっと自由に動き回れると思うしね。沖縄に帰るっていうと、なんだか大変なことみたいに思えるけど、東京でやってきたことが消えるわけじゃないし、こっちでできた人間関係も希薄にはなるだろうけどなくなるわけじゃないし。それに、沖縄から東京に来たときも島には絶対帰らないっていう気負いがなかったように、島に戻っても、もしかしたらまた東京に出てきてもいいと思ってるし。

東京でやり残したことは果てしなくあるような気もするけど、とりあえずやることは全部やったつもりだから。でも、島にはやり残したことがいっぱいあるのね。高校を卒業してなにもしないで出て来たから、もうやり残したことだらけさ。そういうのを全部やり終えたときに、僕が東京で暮らしてきた意味っていうのが、また今とは違った形で見えてくるんじゃないのかと思ってるんだけど。なんとなくだけどね」

この日ぼくたちはしこたま飲んでしまって、後半の記憶は定かじゃない。でも、暗い雰囲気はまるでなく、久しぶりだったにもかかわらず、思い出話なんかじゃなく、これから先のことばかりしゃべっていたような気がする。そしていちばん感じたのは、帰れる場所があるっていうのはうらやましいものだってことと、その島にものすごく愛着を持っていられる伊志嶺をうらやむ気持ちだった。

下北沢からの帰り、ぼくは電車のなかでひとり、伊志嶺とはじめて会った10年以上も昔のことを思い出していた。その頃ぼくは雑誌の編集者で、彼は取引先の印刷会社で働いていた。その頃の印象を思い浮かべてみても、外見的には多少歳は食ったけれど、大きく変わったところはない。でも、見えない部分には、ぼくなんかが知る由もない葛藤やら紆余曲折やら喜びやら悲しみやらいろんなものに揉まれて出来上がった伊志嶺安昭が存在しているわけだ。

帰り際にもらった名刺には、八重山の住所が記されていた。

＊　＊　＊

『Wander』での連載はひとまずこれで終了した。

伊志嶺の「その後」を書いたことで、ぼくのなかの「やり残したこと」の1／17が終わった。

そして2001年、春から2002年にかけて、ぼくは「やり残したこと」の16／17を終わらせるため、「東京の沖縄人」たちのその後を追いかけてみた。

伊志嶺安昭

※本書は、『Wander』10号（1993年）～28号（2000年）で連載した「聞き書き　東京の沖縄人」をもとに加筆し、さらに2001年から2002年にかけて再取材したものを加えたものです。
連載時には17人のインタビューを掲載しましたが、本書では都合により16人のインタビューを収録しています。

第 I 章

もしかしたら、帰らないかも。でも好きだよ、沖縄は。

喜納理香子

もしかしたら、帰らないかも。でも好きだよ、沖縄は。

KINA Rikako
1994年

居酒屋のカウンターで泡盛を飲みながら、つまみに頼んだソーミンチャンプルーに箸を伸ばそうとしたその瞬間、大きな音がしてチャンプルーの皿が砕け散った。皿の上にはなぜか大きな壺が。いったい何事が起こったのかもわからず箸を握ったまま呆然としていると、カウンターの中からアルバイトの女の子がすっとんできて、真っ赤な顔で何度も何度も頭を下げはじめた。

ようやく事情が飲み込めた。彼女の説明によると、いちばん上の棚に何かを詰め込もうとしたが入らず、えいやっと無理矢理押し込んだ拍子に、カウンター寄りに置かれていた壺が押し出され、ぼくの目の前に落下してきたというわけだ。それにしても頭に当たらなくて良かった。あんな大きな壺が頭を直撃していたらと思うとゾッとする。そして壺を落とした犯人は、喜納理香子、25歳だった。

与那原町で生まれ育った彼女は、東京に来て5年になる。高校を卒業後、地元のゴルフ場に就職。「毎日が退屈」で、本当はすぐにでも沖縄を離れたかったのだが、看護教員をしていた母親が離島に単身赴任していたため、母親が戻るまでのあいだ、ゴルフ場のフロント係として働いた。勤めはじめて約1年後、母親が単身赴任を終えて与那原に戻ったのを機に、母親と入れ替わるように彼女は東京に向かった。

東京では栄養士の専門学校に通い、資格を得ると養護施設に就職。朝昼晩3食の献立つくりと、調理の補助。仕事が仕事なだけに、お盆と正月に1週間ほどの休みがもらえるほかは休暇なしというハードな職場だった。

ところが彼女は94年の3月、3年間勤めた養護施設を突然に辞めてしまった。

「せっかく東京に来たのに、毎日毎日仕事ばっかりで疲れちゃって。もうすこしのんびりと過ごしたいなあと思って。いろんなところに旅行に行きたいし、友達とも遊びたいし。

本当は学校を卒業したら沖縄に帰るつもりだったんですよ。でも卒業してみたら沖縄にはぜんぜん仕事がなかったのと、こっちでいい仕事が見つかっちゃって、それでこっちにいることにしたんです。一応沖縄の栄養士会に履歴書を送ったりもしたんですけど、こっちで栄養士の資格を活かせる仕事が見つかったから。それとなにより、もっと東京で遊んでいたいっていうのが大きかったですね。

勤めていた養護施設は、家庭の事情で親といっしょに暮らせない子供たちの施設だったから、勤めるまではいろいろと大変なんじゃないのかと思ってたんだけど、実際はそうでもなかったんです。子供の頃うちの近くに愛隣園っていう同じような養護施設があって、そこの子たちと仲良くて、よく遊びに行ったりもしていたからヘンな同情や偏見も最初からなかったし。ただ仕事はハードでしたね、自分の時間がなかなか取れないくらい。そんな時に漠然と思ってたんですよ、いずれは沖縄に戻るんだろなって、ついこないだまでは…。でもいまは、もしかしたらもうずっと東京にいるかもしれないって思ってる。

去年の夏、沖縄に帰ったんですよ。おばあちゃんが足を折っちゃって。両親が銀婚式ではじめての海外旅行に行く予定をたてていたのに、おばあちゃんの怪我のせいで行けなくなっちゃうのはかわいそうなんで、じゃあわたしがおばあちゃんの面倒をみようということで。1ヶ月ちょっとだったんだけど、毎日同じことの繰り返しでもうホント退屈で死にそうだった。同級生はほとんど結婚して子供がいて、だから遊ぶ友達もいないのね、つまんない。

それでも何人かとは会ったんだけど、なんていうのかな、もう遊び方っていうか生活のペースが違うみたいで……。早く東京に戻りた〜いってそればっかだった」

3月に仕事を辞めた彼女は、6月、はじめての海外旅行でインドネシアのバリ島へ2週間ほど出かけた。東京に出て、専門学校を卒業し、就職して以来のはじめての休みらしい休みだった。

それ以来彼女は神戸・草津・伊豆・北海道など、これまでの鬱憤を晴らすように、旅行をしている。そしていっしょに旅行に行くメンバーも、沖縄の友達ばかりでなく、東京に来て知り合った友達も多い。

初対面でも物怖じせずとにかく社交的、というのがぼくの印象なのだが、信じられないことに、東京に来た頃は誰ともはなしができなかったらしい。

「沖縄を出てくるときね、すごく楽しみだったんですよ。友達が先に東京に行ってたからっていうのもあるんだけど、ぜんぜん不安もなんにもなくって、ただ楽しみ～っていう思いだけ。でもすぐに寮に入っちゃったもんだから、来るまえにはあそこに行こうとかいろいろ思ってたんだけど、実際にはほとんど出かけられなかったですね。

出かけられなかった理由はそれだけじゃなくって、本当はとにかく言葉が恥ずかしくって。沖縄の言葉はぜんぜん違うでしょ。もうね、1年間ぐらいずっと無口だった。このあたしが!!

なまってるからしゃべれないし、本当に思ってることがすらすら言えないの。恥ずかしいっていう気持ちがあるから、なまりを出さないようにすると、よけいしゃべれなくなっちゃう。小さい頃からいつもウチナーグチでしゃべってたから。沖縄でも同級生に『もし自分の妹だったら、おまえみたいに方言ばっかりしゃべるやつは許せない』なんて言われるくらい。だから専門学校でいちばん嫌だったのが、授業で本を読まされるとき。やっぱりすごくなまりが出てきて、先生からも『さすが南の人』なんて言われちゃったりして。

でも2年目ぐらいからだんだん慣れてきて、言葉も使い分けできるようになったら、まわりは

『最初はおとなしい人だと思ったのに』だって。いまでも友達といっしょに住んでるアパートにもどればウチナーグチだけ。住んでるのは中央線の阿佐ヶ谷駅から5分くらいで家賃が7万3千円。もともと友達が住んでいたところにわたしが転がり込んだかんじで。

やっぱりいっしょに住んでると、どうしてもケンカしちゃいますね。口喧嘩だけじゃなく、もう青タンできちゃうようなすごいケンカ。でもケンカが終わると、『よーし、飲みに行くぞー』って。また飲みながらケンカになっちゃったり。最後はなんでケンカしてたんだろう？　バカみたいって大笑いしておしまいっていうのがいつものパターンですね。もうぜったいコイツとはいっしょにいたくないとまで思ったことはないですねぇ。お互いに思ってることを我慢しないで言っちゃってるから、きっとそれがいいんじゃないかなぁ。自分でも珍しいんじゃないかと思ってますけど」

言葉にもできない、でもやっぱり沖縄が好きなんです

それまでの鬱憤を晴らすかように羽を伸ばした生活が、そういつまでも続けられるわけがない。ましてや日本一生活費のかかる東京だ。生活するためには嫌でも働かざるをえない。貯金の残高がさびしくなりはじめた頃、彼女は弁当屋さんで働きはじめた。やはり栄養士の資格を活かして、メニュー作りでもしているのだろうかと思っていたのだが、そういうわけでもないらしい。

いわれた通りのメニューを調理し、それを客に販売する。オフィス街にあるため、土曜・日曜・祝日は休み。勤務時間も朝8時から15時まで、残業があっても16時までという、以前の職場とは

まるで環境の違う生活が始まった。ただ、彼女は社員としてではなく、アルバイトという形を選んだ。

「もう時間に縛られるのは嫌です。社員とかになっちゃうとまた休みがとれなくなっちゃうから、社員になろうとかはまったく考えてないですね。しばらくはこのバイトを続けようと思って。ただ、バイト生活だとホントお金がなくって。ちゃんと仕事してたときは週に5日くらい、多いときは毎日飲みにいってたかな。いまは週に2回くらい。だいたいいっしょに住んでる友達とふたりで。彼女がまた心配性で、あたしが別の友達とかと飲みに行って遅くなると『もう帰ってこないかと思った〜』なんて騒ぐんですよ。ホントはひとりになると家賃払えなくなるからっていうだけの、現金なヤツなんですけどね。

そういえばあたし、去年エイサー踊ったんですよ。中野で『あしば祭』（注　中野区で毎年9月23日に行われる沖縄出身者を中心に行われるイベント）っていうのがあって、大騒ぎして楽しんじゃった。ブームだったでしょう、沖縄が。なんでこんなにブームになるのかなあとは思ったけど、でもあたしもそのブームに入って騒いじゃったみたい。別に悪いことしてるわけじゃないからいいんじゃないみたいな。

沖縄にいたころは、踊りにしても民謡にしても三線にしても、そんなに興味なかったんだけど、こっちに来てから三線習ったり、カラオケで民謡覚えたりして。三線はね、最初に弾き方だけ少し教えてもらって、あとは自分で楽譜みたいの買ってきて家で練習してるんです。こっちで安物の三線を買って練習してたんだけど、なんか音が悪くて嫌だったから、実家に電話をして、家にあったちゃんとした三線を送ってもらったりして。

沖縄の音楽を聴くようになるまでは、レゲエとかが好きだったの。でも沖縄の音楽を聴いてみると、けっこうレゲエと似てるところがあるなあと思って。外人の友達に『十九の春』を聴かせたら、ボブ・マーリィに似てるなんて言われて、それでボブ・マーリィ聴いてみたら本当に似てるのがあったりして。ネーネーズも唄ってるし、あと民謡でもラップみたいに唄ってる人もいるんですよね。

でもね、『あたしは沖縄の人間よ！』って意識したことないんですよ。よく知り合いなんかにも『やっぱり沖縄らしいよね』とかって言われるんだけど、あたしのどこが沖縄らしいんだろう？って自分でもわからない。自分ではこっちの人とぜんぜん変わらないような気がするんだけど。

『沖縄だ』とか『東京だ』とかそういうのじゃなくて、外国でもどこでもいっしょだと思ってるから。沖縄が、ほかの県と比べるとだいぶ違うとは思うけど、でもだから沖縄出身の人が特別だとか、特に意識したりとかは違うような気もするし。沖縄の土地っていうか歴史なんかをみると、ほかの県とはぜんぜん違って、沖縄はとりあえず日本じゃなくて琉球だな？とも思う。でもいまは日本だし、そんなに深く考えたことはないですけどね。

でも日本がなかったら、沖縄はここまでやってこれなかったんじゃないのかな。あたしも心のなかでは独立すればいいと思うし、独立できればいいと思うんだけど、現実的には絶対無理だと思う。いま日本からの援助を打ち切られたら、もう明日からやっていけないじゃない。

沖縄人で良かったって、つくづく感じたりしたことはないけど、でも沖縄は好きだよ。どういうところがって、人も好きだし、生まれ育ったところだし、なんかやっぱりいいわ。『これだ!!』

って具体的には言えないんだけど、でも好き。あったかみがあるよね。う～ん、やっぱり言葉にはできないな…」

忙しすぎる毎日を過ごしていると、ある日突然になにもかもが色を失って、やることなすこと惰性に流されていると錯覚してしまうことがある。かつてぼくが勤めていたのは、週刊誌の編集部だった。入った当初は編集部員はたったの5人で、恐ろしいほどの忙しさだった。残業代が基本給を上回る月もあるほどで、机の下に布団を持ち込んで、会社に寝泊まりすることも珍しくはなかった。

もう嫌だ、と思いはじめたのがいつだったのかは覚えていないが、勤めはじめて5年後、ぼくは会社を辞め、糸の切れた凧のように、国内外の旅行に明け暮れる毎日を1年近く送った。そして彼女と同じように、懐が寂しくなったころ、大層な決意もないままフリーのライターとして働くことを決めた。会社勤めをしようとは思わなかった。その理由もまったく彼女と同じだ。だからといって、ぼくは彼女の気持ちがよくわかる、というわけでは決してない。ただ、当時のぼくがそうだったように、環境を変えてみようとあがいているのかもしれないと思ったまでのことだ。

あがいたすえ、いったい彼女が見つけるのはどんなものなのだろうか？ Ⓣ

KINA Rikako

2002年

この先どうなっちゃうんだろうねぇ。
沖縄に帰って落ちつくつもりは、
今のところ全然ないけどね。

「住めば都」なんていう言葉がある。どんなところでも住み慣れてしまえば楽しいところになる、という意味だが、ぼくにとっての「住めば都」は、東京都の杉並区にある高円寺という町だった。当時勤めていた編集部までの交通の便がよく、都内にしては家賃が安い（最初に暮らしたアパートは、6畳・4畳半・台所・風呂で5万7千円）というのが高円寺に住みはじめた理由だったが、20代の前半から約10年、ずるずると高円寺を離れることができなくなってしまった。

高円寺のいったいどこが居心地がよかったのか？　いちばんの魅力は飲み屋の数だ。値段の安い店が多く、しかも沖縄料理の店まであり、いつでも泡盛が飲めるのも離れがたい要素のひとつだった。ほかにも比較的品揃えの充実した書店もあったし、おいしい定食屋も、怪しい雑貨屋も、居心地のいい喫茶店も、ライブハウスも、とにかくとりあえず生活を送るのには充分すぎるほど充実した町だった。

7年ぶりに会う喜納理香子と待ち合わせしたのも、高円寺の沖縄料理屋「きよ香」。彼女は以前この店でアルバイトをしていて、ぼくは常連とまではいかないけど、ちょくちょく顔を出していた。待ち合わせの時間より少し早めについたぼくは、すぐにわかるように入り口近くのテーブルに座り、ひとり泡盛を飲んでいた。7年ぶりだが、彼女の声と顔はよーく覚えている、つもりだった…。

「遅くなってごめんなさい!!」

と現れたのは、どこかで会ったことのあるような、でも知らない人のような。ぼくの印象とはだいぶ違う喜納理香子だと気が付いたのは、彼女がコートをぬいでテーブルについてからだった。だってぼくの頭のなかの彼女は、ちょっと太めで、化粧気がなく、黒縁のメガネをかけていて、大きな声でしゃべって笑って…。ところが目の前に座っているのは、スマートでオシャレでお化粧もしててメガネもかけていない、今時のオトナの女性なのだ。

「変わったのは外だけで、性格も中身もなんにも変わってないかもしれない。いまだにふらふらしてるし。お弁当屋さんでアルバイトしてるんですよ、ずっとおんなじところで。夏休みとかになるとあいかわらず旅行に行っちゃうし。あれからいろんなところに行きましたよ。最初にエジプトでしょ、それから順番は忘れちゃったけどフィリピン、スイス、ネパール、オーストラリア、ビルマ、タイとか。もう毎年のように休みになると行っちゃう感じで。

パック旅行は行くところを決められちゃってつまらないんで、いつも安いチケットを買って、『地球の歩き方』とか見て、行ってみたいところで自由に過ごすっていうパターン。シマサバ履いてパタパタ歩いて。海外に行くようになってから、国内はほとんど行かなくなりましたね。

次はハワイに行こうと思ってるんですよ。1週間ぐらいかな、両親を連れて。去年還暦だったんで、そのお祝いにどこかに連れていってあげるっていったら、ハワイがいいって。ハワイなんて沖縄と変わらないよーと思ったけど、まぁ行ったことがないからいいかと思って。

沖縄にはね、毎年帰ってますよ。年に2回、3回と。最近ね、妹も弟も結婚してしょっちゅう帰ってるよ、結婚式で。甥っ子も姪っ子もできて。結婚式で受付をしてると、近所のおばさんとか、あんまり会わない親戚とかにいっつも言われるの、今度はねーちゃんの番だよーって。

まえにいっしょに住んでいた友達も結婚して、もう子供もいる。だからひとり暮らしをはじめて、6年くらい前から。家賃が6万8千円で、値段の割には結構広い。台所と部屋が6畳ずつあって、あと風呂とトイレで。駅から遠いからね、歩いて15分くらい。って言っても、友達の家から歩いてすぐのところだけど。

だけど自分ではなししてても驚くね、ホント変わってないでしょ、まわりの人はいろいろ変化してるのにね。自分でもヤバイんじゃないかと思うことあるし。このまんまいくと、どうなるんだろう？　この年齢になっても貯金ないし、どっかでのたれ死んじゃうかもしれないけど、まぁいいか、どうにかなるだろうって。いままでどうにかなるだろうと思ってやってきてどうにかなってるから、大丈夫かな。それかもう玉の輿に乗るしかないかななんてね」

人のことは笑えない。子供の頃、歳を重ねてオトナという年齢に達すれば、スイッチが入れ替わるように、外見も内面も自然にオトナになるものだと信じていた。ところがどうしたものか、外見はそれなりに変わったものの、内面はまるで進歩していない。それは本当に自分でも唖然としてしまうほどで、三十代も後半にして、精神的にはいまだに高校生の頃と変わっていないような気がするのだ。正直なはなし、かなり年下の相手にも言葉や行動や雰囲気にオトナを感じてしまうことがけっこうある。だから彼女が、喜納理香子が感じているヤバさも、わかるような気がする。

同世代の友人が、いつも自分より一歩も二歩も先に進んでいくのに、自分だけがいつまでたっても変わらないという不安感、焦燥感。今にして思えば、勤めていた会社を辞めてフラフラと旅行ばかりしていたのはそういうものから無意識のうちに逃れようとしていたからなのかもしれない。

旅先はいつもタイか沖縄の離島ばかり。とりわけタイにはハマッてしまい、何度も足を運んだ。食べ物がおいしいから、人がやさしいから、街の雰囲気がいいから、といった具体的なことではなく、なんかこう肌に合うというか、違和感がないというか、自分がそこにいることが当たり前のように感じられる居心地の良さがタイにはあるのだ。だからもし、国外追放なんていうことにでもなれば、ぼくは迷うことなくタイを目指すに違いない。

「いちばん気に入ってる国？　行ってるときはその国がすごくいいなと思うし、行ったことのない国の方が多いからわからないけど、いままで行ったなかではネパールがいちばん楽しかったかな。居酒屋でいっしょにアルバイトしていたネパール人の友達がちょうど帰っていて、大勢集めてヒマラヤにバーベキューに連れてってくれたんですよ。もうみんなで夜通し飲んで歌って踊って。

　そのときに見た朝日は本当に感動もの。眼下に雲が広がってて、山並みもあって、そこから朝日が昇ってきたときにはもう、言葉も出ないほど感動した。ポカラなら住み心地も良さそうだしなぁ。ネパールは結構好きだな。

　でもまだいろんなとこ行きたいから。みんながいろんなところに住んでればいいんだよね、そうしたらすぐ行っちゃう。友達がワーキングホリデーでオーストラリアに行ってたからすぐ行っちゃったし。いまね、台湾にひとり行ってるの、だから台湾もそろそろ行かないと」

いろんな南の島とか行ってるけど、
沖縄ほどきれいなところは見たことない

7年の間に喜納理香子はスキューバダイビングのライセンスを取得している。とりわけ海が好きだというわけではなく、せっかく海のきれいな海外にちょくちょく行っているのに、それを体験しないのはもったいないという忠告に、そんなものかなという軽い気持ちで応じたまでだったらしい。ところが海のなかの世界は、彼女に新しい興味を広げてくれた。とりわけ「沖縄に帰っても退屈で死にそう」と言っていた彼女が、沖縄の海に潜ってみて、改めて沖縄の海の豊かさを実感したというのだ。海外一辺倒だった旅行も、沖縄の離島をひとつひとつ回ってみたいと思うようになったという。

「2年くらい前に帰ったときに、父親が船を出してくれて、ふたりっきりで無人島に行ったんですよ。本当は家族みんなで行きたかったんだけど、仕事の都合がつかなくって。なんていう島だったかな、慶良間諸島で昔は人が住んでたらしいんだけど。

シュノーケルとかして楽しかったのは楽しかったんだけど、港に戻ったら、普段だったら船の仲間が集まってきて世間話が始まるらしいんだけど、その日は誰も来ないの。遠巻きにしてこっち見てるだけで。なんかね、親子じゃないと思われたみたい。ウチの父親も苦笑してたけど。ハハハハハハ、いけないもの見ちゃったっていう雰囲気で。

まぁそれはどうでもいい話なんだけど、沖縄の海くらいきれいなところって本当にない。いままでいろんな南の島とか行ってるけど、沖縄ほどきれいなところは見たことない。グレートバリアリーフとかも、潜ってみればきれいなんだけど、陸から見ているぶんには全然きれいじゃないし。フィリピンも、すごくきれいだって聞いてたのに行ってみたら、え、こんなものって感じ。

沖縄では本島と慶良間と西表で潜って。でも西表に行ったときは私が行く前日までは天気が良くてマンタを見たとか聞いてたんだけど、着いてみたら天気が悪くて、近場で珊瑚とかのきれいなのは見たけど、マンタには会えなかった。だからね、沖縄の離島もいろいろ行ってみたいと思ってるんですよ。海に潜るのも面白いんだけど、それをメインにするんじゃなくて、いろんな島を歩いてみたい。

でもねぇ、ちょくちょく帰っているせいかもしれないけど、沖縄に帰って落ち着くつもりはいまのところ全然ない。歳とったら帰るのかもしれないけど。好きは好きなんだけどね。なんで好きなのかは前といっしょで、生まれたところだからとしか言えないかな。もう両親もさすがに帰ってこいとは言わなくなったし。結婚もしないよってずっと言ってるし。なんだけど最近、結婚してもいいかなと思い始めてるところ。結婚って言う形にはこだわらないけど、してもいいかなと」

沖縄から東京にやってきた人たちに（取材以外でも）何人も会っていると、大きく分けてふたつのタイプがあるような気がする。ひとつは、何年たっても交友範囲が沖縄の同級生ばかりという人。もちろん仕事先や学校などで知り合う友人もいるのだろうが、それでもコアは沖縄出身の同級生や先輩後輩で、そのネットワークはかなり密で、ことあるごとに集まっては気勢をあげている。

いっぽうはというと、出てきたばかりで知り合いの少ない当初は集まるものの、次第に交友範囲を広げていって、すっかり東京の水に慣れ親しんでしまうタイプ。もちろんこれには個人的な性格もあるし、そして沖縄出身者に限ったことではないのかもしれないが、ぼくにはどうしてもそのように見えてしまうのだ。そして前者のタイプの人たちはやがてぽつりぽつりと沖縄へと帰ってしまう。

そんな視点で喜納理香子をとらえてみると、本当にうまい具合にバランスをとっているなと感心させられる。本人は意識していないのだろうけれど、このふたつのタイプの利点を兼ね備えているのだ。

「もともと沖縄から来たときの友達は、いっしょに部屋を借りていた彼女ひとりだけですね。でも、こっちで知り合って仲良くなった沖縄の人もけっこういるし。偶然だけど、別に選んでるわけじゃないんだけど、沖縄出身の人の方が多いかもしれない。でも、旅行仲間とかはこっちで知り合った沖縄とは関係ない人の方が多いかな。仕事の人はあんまりプライベートでは会わないようにしてるから、そこからの繋がりっていうのは少ないと思うし、専門学校のときの友達でいまでもつきあってるのはひとりかふたりかな。

だいたい知り合うのは飲み屋さんとかが多かったかもしれない。でも日本酒が飲めないからビールか泡盛になっちゃって、そうするとどうしても沖縄料理のお店に行くことになって、自然と知り合うのが沖縄の人っていうことになるのかな。日本酒は全然飲めない。最初に飲んだときは、『なんだこれずいぶん飲みやすいじゃない』とか思っていっぱい飲んじゃったら悪酔いして、暴れたり泣いたりしたらしくて、もうそれ以来怖くて日本酒は飲めない。こないだもう大丈夫かなと思ってちょっとだけ飲んだら気持ち悪くなっちゃったし。でもなんでだろう、泡盛のほうがアルコールもキツイのにね。

旅行ばっかりしてるとお金かかってかかって。いまアルバイトを掛け持ちでやってるんです。昼間はお弁当屋さんで、夜は新橋の焼鳥屋さんで和服を着て。夜働いてないと、お金もないのに飲みに行きたくなっちゃうから、お金はもらえるし飲む回数も減るしで一石二鳥かななんて。だから前みたいに毎日は飲まなくなりましたね。あと忙しいからご飯を食べる時間とかもなくて、おかげで15キロくらい痩せてだいぶダイエットにもなっちゃって。

でも変わったのは外見だけ、ほんとうにこの先どうなっちゃうんだろうねぇ、ハハハハハハ」

東京の住み心地がいいとしたら、それは他人からの干渉が少なく、自由にできることかもしれない。冷たい街だとか、人の繋がりが希薄な街だとも言われるが、裏を返せば誰がなにをやろうと、どういうふうに生きようと、法律やモラルさえ守ればなにをやっても文句を言われる筋合いはないということでもある。

そんな東京のなかでも彼女の住む阿佐ヶ谷をはじめ、高円寺、中野といったJR中央線の沿線にはミュージシャンやイラストレーター、役者などを目指す若者がなぜだか数多く暮らしている。全員とは言わないが、彼らの多くは定職に就くことなく、自分の夢を実現させるための時間を作るため、アルバイト生活を送っている。だからいい年こいたオトナが昼日向にぷらぷらと歩いていてもヘンな目で見る人はひとりもいないし、それはごく当たり前の情景でもある。

だからその街にいるかぎり、喜納理香子の生活は自由だし、「いい歳をして」などと大きなお世話をやく人もいない。将来彼女がどんな生活を送るのか、ぼくにはまるで想像がつかない。ものすごく無責任な言い方だとわかっているうえで言うんだけど、理香子にはいつまでもシマサバをパタパタさせて、いろんな国を歩いていて欲しいと思う。Ⓣ

知念雅美

CHINEN Masami
1996年

うちね、すごいよ。ここまでできるかってくらい、やさしくできるよ。

嘉手納町で生まれ育った「まあさ」、こと知念雅美は沖縄を離れて11年になる。現在は建築会社に勤務して2年になるが、最初にやってきたのは高校を卒業してすぐ、神奈川県川崎市にあった精密機器の工場への集団就職だった。その後は就職しては辞め、就職しては辞めを繰り返し、次の仕事が見つかるまではアルバイト。職歴はすでに10を越えている。

「本当は3年くらいで帰るつもりだった」というまあさは、泡盛を飲みながら、東京のこと、沖縄のこと、基地のこと、兄弟のことなどをにぎやかにはなしてくれた。

「沖縄にいたらふりむんになるのわかっていたから、高校を卒業してすぐ来たんです。でも自分から進んで来たわけじゃなくて、お母さんが、ちょっとは親元を離れてひとりで行ってくればって。もちろん東京にも興味があったし。

でもね、最初は集団就職だったから神奈川県に行って、そこで1年くらいのあいだに電車の乗り方とかしゃべり方をマスターして、それから東京に。東京に来たくて就職したのに川崎だったから、本当は初日で辞めて逃げちゃおうかなんて思ったの。でも学校の紹介で就職したところだからそういうわけにもいかなくって、結局1年半いたのかな。東京に出るための資金も貯めなくちゃならなかったしね。

こっちに来て最初不便だったのは食べ物。お金がないから工場の寮食を食べるんだけど、ごはん以外は食べられないってやつ。来るまえにおばぁから『東京には白いごはんと納豆と、ヘンなみそ汁しかないよ』って聞いてたんだけど、みそ汁にタマネギが入っているのを見て、何これ？マヨネーズは合わないし、最初は納豆もダメでしょ。全体的に味つけも違うし、玉子焼きも甘くて食べられなかった。7キロはやせたね。

まわりに沖縄の人がいなかったから、料理も作れなかったし。いまはスーパーなんかでときどき売ってるけど、ゴーヤーなんかどこにもなかったし。もう嫌でも自分で料理を覚えるしかなかったね。

集団就職だから、最初は沖縄の人も5人いたんだけど、2週間ぐらいでホームシックで帰っちゃって。寮を見たとたんに荷物を送り返して帰っちゃった子もいたし。

言葉もね、難しかったんだけど、まわりの人が教えてくれたし。あと自分から聞いたのね、わたしの発音ヘン？　って。

ほんとうはね、すぐにでも沖縄に帰りたかった。たぶん帰ったらもう川崎には戻らなくなるだろうなって思ったけど、それでも帰りたかったのね。ウチの親なんかもすぐに帰ってくるんじゃないかと思ってたみたいで、来るときにおこずかいって言って封筒をくれたの。向こうに着いたら開けなさいって。開けてみたら3千円しか入ってなくて、ハハハハハハ、う〜んこれは作戦だなって思った。

しかも家では親とか兄弟がいつ帰ってくるかって賭をしていて、それで仲のいい弟から電話がかかってきて、弟はきよしっていうんだけど、『いつ帰ってくるか賭をしたんだよ』っていうから、『きよしーはいつにした？』って聞いたら1ヶ月っていうから、じゃあ1ヶ月はいるようにするよって言って。

それで出てきた年の夏に沖縄に帰るつもりで羽田の空港に行ったのね。そのとき北海道の子と空港までいっしょだったんだけど、北海道のはなしなんかをいっぱい聞いているうちに、北海道もおもしろそうだなと思って、Tシャツと水着しか持ってなかったんだけど急遽北海道に行くことにしちゃって。

でも飛行機は結局満席で乗れなくて、仕方なく電車で行ったんですけどね……、もう時効だからいいのかな。電車の切符の買い方がよくわからなくて、とりあえず120円の切符を買って北海道に行く電車に乗ったの。電車のなかで精算すればいいかなぁと思って。

そうしたら電車がすごく混んでいて、車掌さんもまわってこれないの。そのまま青森県の八戸に着いたんだけど、改札のおじさんが、特急券がどうしたこうしたみたいなことをあっちの言葉でいうわけ。なに言ってんのかぜんぜんわからなくって、『あん？　あん？　あん？』ってしてたら、『もうあんたいいよ、行きなさい』って言われて120円で出ちゃった。

おじさんの言葉もわからなかったけど、わたしの言葉もわからなかったんじゃない。もしかしたら外人と思われたかもしれない。タクシーの運転手さんにも、『言葉通じるか』って言われたし。

でも楽しかったよ。すごく貧乏っぽく見えたみたいで、知らない人たちにお弁当を三つももらっちゃったりして。電車のなかでもわたしだけみんなと顔が違うんだもん。わたしも『はじめて北海道に行くんだぁ』って威張るでしょ、そうすると頑張れよとか言ってお酒くれたりして」


北海道に行くんだと威張ったら、頑張れよと言われるっていうのはどういうこと？　それって知念は絶対出稼ぎに来たアジア系外国人と間違われていたはず。

それはまぁどうでもいいとして、沖縄に帰らずに正反対の北海道に行ってしまったことが、その先も知念に東京生活を続けさせる原因になったのかもしれない。もし羽田から素直に沖縄に帰っていたとしたら、知念の東京生活は半年弱で終わっていたとは考えられないだろうか。

家族のだれもがすぐに帰ってくるだろうという予想をはるかに裏切って、知念雅美の東京生活は11年になった。しかもその間、沖縄に帰ったのはわずか4回。それもごく最近たてつづけに帰っていて、それまではいちども帰っていない。

「うちね沖縄がすごく好きなのね。だから高校のときも、沖縄を出ようなんていちども思ってなかったの。いまでもね、給料をもらうでしょ、そうすると羽田行くかなぁ、帰りたい帰りたいっていつも思うのね。

それがね、この11年で3回か4回しか帰ってないの。家からも帰ってこいっていわれたことないし。なんで帰らなかったんだろう。考えられない。いちど帰ったらもう東京には来ないかもしれないっていうのは思ってたけど。

川崎から東京に来たとき、ネーネーのアパートに転がり込んだのね。ところがネーネーが1週間だけ沖縄に戻るねといって沖縄に行ったきり、もう5年以上も帰ってこないの。電話してから『荷物送り返すよ』って言っても、『なに言ってるの、わたしはちゃんと帰るよ〜』って言ってるだけ。

でもわたしだって、早い時期に帰ってたらそうなってたはず。いまは沖縄の友達が何人かいるけど、最初は誰もいなかったでしょ。そうしたらさみしいし、方言忘れるわ、心が冷たくなるわで大変だった。あの頃は心がちょっとひねくれていたはず。そんなときに沖縄に帰ったらもう東京には戻らなかったかもしれない」

沖縄は政府と喧嘩してもいいから、琉球のままでいてほしい

ウチナーグチで喋ることができる友達ができた頃から、東京暮らしも悪いもんじゃないと思い始めたのかもしれない。「沖縄に帰りたい病」はひとまず落ち行き、東京での生活を楽しむ余裕も出てきた。

海に出かけたり、念願だったディズニーランドに行ったり、そして去年からは沖縄の友達とエイサーも踊り始めた。

「嘉手納っていったらエイサーの本場でしょ。すっごい好きなのね。東京でも毎年9月23日に『あしば祭』っていうのがあって、エイサーもあるわけ。前から知ってはいたんだけど、いつも仕事があって行けなかったの。

それでね、ようやく去年から行けるようになって、そこで踊ってるの！　県人会が主催してるっていうんで、県人会には入ってないんだけど踊りたいんですって言いに行ったらいいですよって。でも踊りが全然違ってて難しくて、今年は太鼓で挑戦。

夏になるとね、沖縄のことをすごい思い出す。こっちに来た頃に、友達が海を見たいだろうって連れてってくれたことがあって。そうしたら朝4時30分に集合とかいって、え〜なんで〜と思ったけど、それでも海に着いたのが10時過ぎ。なんでこんな大変なの〜、沖縄にいた頃はすごい幸せな環境にいたのに、邪険にしていたからバチかぁなんて思ったりして。

うち、海がすごい好きで、こっちに来たときもサーフィンとかしてたのね。でもそうしたら全身ジンマシンが出てきちゃって、医者に行ったら海に入っちゃいけないって。沖縄の海と全然違うんだと思った。本当に不思議だったのが、砂が黒いの。掘っても掘っても黒くて、え〜本当に黒いんだぁって。

こっちにいると、沖縄のいいところも悪いところも見えるんだけど、でもわたしは沖縄で育ってよかったなぁと思う。絶対いつかは帰るしね。だからいまちょっとだけ遊ばせといてって。ちょっとだけがもう10年になっちゃったけど。

考えたり動いたりするいちばん大事な年齢のときにこっちにいるんだけど、そのときにいつも沖縄のこと考えてる。もし沖縄にずっといたら、いまみたいに考えなかったかもしれない。だからいいんじゃないかなって。

こっちに来るまでは沖縄の歴史とか興味がなかったし、なんにも知らなかったの。いまもそれほど知ってるわけじゃないけど、だんだんわかってきたり、見えてきたこともあるし。

うちね、自分ではウチナーンチュだと思ってるよ。そうそう、そういえばハワイに行ったときに、お店の前でボーッとしてたらホームレスのおじさんが話しかけてきたの。日本人だろう？　っていうから、違うよウチナーンチュだよって言ったらすごく喜んじゃって。そのおじさん、ウチナーンチュのクォーターだったの。おじさん喜んじゃって、『うれしいな、おごるよ』って、ホームレスの人におごってもらっちゃった。うち、とっても貧乏くさく見えたのかねぇ？

ハワイも良かったけど、タイもすごく良かった。なんか沖縄を歩いていそうなおじさんやおばさんがいっぱいいて、親しみがわく感じ。うちもタイ人に間違われたけど。あと絶対に行きたいのがバリとフィリピン。これは絶対に行く。

タイに行って思ったんだけど、沖縄って日本よりアジアに近いっていうのが実感。琉球時代のことは知らないけど、泡盛だってわざわざタイ米を使って作るほど交流があったっていうことでしょ。

そういうのを見てると、沖縄は政府と喧嘩してもいいから、県ていう形でもいいから、琉球のまんまでいてほしいって思う。復帰20周年とかでいろいろやったでしょ。やったけど結局どこへ行ってもウチナーンチュとヤマトンチュの関係でしょ。だったら沖縄はいままで通り『県』ていう位置づけでもいいから、例えば自治権をもらうとか、そういうことを考えてもいいんじゃないのかなと思う。

もともと平和に暮らしていた島を無理矢理占領して、洗脳して、そういうのを元に戻してって言ってるだけでしょ。基地を全部なくすのは無理かもしれないし、特別な権限をくれっていうのも無理かもしれないけど、そういう心を持ってるっていうことは、こっちの人にも知っておいてほしいと思うわけ」

知念と会った日の数日前、アメリカ兵による少女レイプ事件の判決がくだされた。懲役7年。幾度となく繰り返されてきた米兵による犯罪に対して、今回ばかりは「県民抗議集会」までに広がりを見せた。今度こそは！　ここまで来たら政府だって見ないふりはできないはず！　とわずかな期待を寄せていたが、ふたを開けてみれば「またか」という結末の域を脱していなかった。いつまでたっても沖縄は植民地のまま、という失望感だけが強く残った判決だった。

「あれは軽すぎるよ。うちは嘉手納なのね、だから友達でも怖い目にあった子もいるし、似たような事件は、はなしでも何度も聞いてる。

アメリカ本国でもいっぱいあるような事件なんだろうけど、でも、こっちに来てそんなことしちゃダメだよ。絶対そうゆうことあったらダメだよ。もしかしたらうちだって小さい頃にそういう目にあっていてもおかしくないから他人事じゃないよ。東京でも、友達同士で集まればそのはなしを結構するよ。集会があれば行ってみるし、本当に許せないと思う。

うちらも沖縄にいた頃はアメリカーが道に迷っているのを見れば、ごくごく自然な気持ちで、言葉が通じなくても身振り手振りで道を教えてあげるでしょう。逆に言えばアメリカの兵隊が当たり前のように生活に入りすぎているっていうのもあるんだけど、嘉手納だし。だからこそ余計に許せないよ〜。去年から今年にかけてはいろいろ考えたよ、ほんとうに」Ⓣ

CHINEN Masami
２００１年

おばあちゃんが亡くなったショックから、一年間ただ家に引きこもっていたんですよ。

ぼくは日焼けすると、よく外国人に間違えられる。街を歩いていると、タイとかフィリピンといったアジア系の人に突然はなしかけられたり、誰か友達とでも人違いしているのか、親しげに笑顔で手を振られたりする。そういえばこんなこともあった。タイからの帰り、フィリピン経由で成田に向かう飛行機で寝ていると、体をゆすって起こす人がいる。「降りないと日本まで連れていかれるぞ」と忠告してくれたのだ。飛行機はちょうどフィリピンの空港に着陸したところだった。日本人であることを説明して再び寝の体制に入るのだが、しばらくするとまた別の人に同じように起こされる。

なんでだろう、鏡を見てもなぜ間違えられるのか、自分ではよくわからない。自分のことはよくわからないが、人のことはよくわかる。もう絶対にフィリピン人のはず、と密かに思っているのが知念雅美。でも彼女はれっきとした沖縄人だ。初めてインタビューした1996年当時、彼女は建築会社で工事費の見積もりを出す、積算の仕事をしていた。基地の街、嘉手納から東京に出て11年。その間沖縄へ帰ったのは、わずか4回ほど。そんな彼女が沖縄に戻るつもりで帰省したのは、祖母の入院がきっかけだった。

「94歳だったおばあちゃんが倒れて入院して、ずっと寝たきりになっちゃったんですよ。それまで病院に行ったこともないほど元気だったのに。お医者さんがいうには、おばあは病気じゃないよ、94年間も生きてきたから部品が壊れただけだよと。それでね、もう危ないっていう連絡がきて、わたしは最期ぐらいはおばあちゃんについていてあげたかったんで、会社も辞めて帰ったんです。

小さい頃からおばあちゃんはずっと家にいて、両親が共働きだったから、わたしはおばあちゃんに育てられたようなもので。だから恩返しじゃないけど、最期ぐらいはそばにいてあげたいなあと思って。

もともと東京に出たときに遊ぶのは30歳までって決めてたんです。だから、もうそろそろ沖縄に帰る時期かなというのもあって、一応東京のアパートはそのままにして、沖縄に戻ったんです。沖縄では職安に行って仕事も探してみたんだけど、仕事なんてまったくなくて。ずっと東京では建築の仕事やってたから、そういう方面も探してたんですけど、面接を受けて図面が描けないことがバレちゃうとだめでしたね。

それで仕方ないから昼間も夜も4ヶ月ぐらいずっとおばあちゃんを看て。夜は病院で泊まらなくちゃいけないから、ほとんど毎晩病院のソファーに寝て。結局わたしが沖縄に戻って4ヶ月後におばあちゃんは亡くなったんだけど、うちの家族は元気者ばかりでそれまで葬式を出したことがいちどもなかったもんだから、みんなパニクッちゃって。沖縄独特の葬式の風習があるじゃないですか。料理にしても重箱に入れる料理の決まり事があったりして。葬式なのに赤いカマボコ買ってきて怒られたりとかしながらも、なんとか無事に終わらせることができて、いい勉強になりました。

おばあちゃんとは小さい頃はよくけんかもして、すごい怖いおばあちゃん。学校に行きたくないなんて言うと、鎌持ってから布団叩きにきたり、竹刀も部屋にあって子供が言うこと聞かないと叩きにくる、武器を与えたら怖いおばあちゃんだった。友達が怖がって、呼びに来れないくらい怖かったから、わたしなんかずいぶん鍛えられたはず」

結局沖縄での就職をあきらめた彼女は再び東京に戻ったのだが、おばあちゃんを亡くしたショックは大きかったようで、立ち直れないまま仕事にも就けず、約1年の引きこもり生活に入ってしまう。

「東京に戻ったのは沖縄で仕事がなかったこともあるんですけど、あまりに成長してない自分に気がついて。17、18の頃に考えていた30歳っていうのは、もう立派なおとなになった自分を想像していたのに、あんまり自分を甘やかしたせいでなんにも変わってないんじゃないかと思って。でも、東京に戻ってはみたものの、おばあちゃんが亡くなったショックから立ち直れなくて、なにをするでもなく、ただ家にいたんですよ。

仲のいい友達も最初の頃は心配してくれて、無理矢理遊びにつれてってくれてたんだけど、そのうち誘いにくくなっちゃったみたいで、音信不通じゃないけど連絡しなくなっちゃって。掛け持ちでアルバイトしたり、忙しいのは好きなんですけど、ダメになっちゃうとなにもかも辞めて引きこもる性質があるんですよ。

それでとことん貧乏になって、このままじゃ死ぬってなって、また仕事をする。落差が激しいんです。おばあちゃんにあげる予定で貯めていた貯金も、心の中でおばあちゃんごめんなさいって謝って、全部消えていって。いよいよもうどうしようもなくなって働きはじめたのが、1年半前です。

今度は正社員じゃなくてアルバイトで。っていうのも理由があって、理香子がいっしょに海外旅行に行こうって誘ってくれて、それならアルバイトで資金を貯めようかっていうことで、掛け持ちでアルバイトして。去年行って来ましたよフィリピン。珍道中でした。理香子といっしょに旅行するのは初めてで、あの子は旅慣れてるから全部セッティングしてくれて。すごく面白かったですよ」

理香子というのは前にインタビューさせてもらった喜納理香子なのだが、別にふたりは沖縄にいる頃から友達だったわけではない。東京にきてから知り合ったのだそうだ。年齢も近く、家も割と近所だったこともあって誘い合っては遊びに行ったり飲みに行ったりするうちに、仲良くなったらしい。

フィリピンではマニラに2泊、その後セブ島に行って来たそうだ。マニラでは、あてもなく街をさまよって、スラムにも迷い込んでしまったのだが、なにも身の危険を感じなかったという。それもそのはずで、どうやら知念は観光客（＝喜納理香子）を案内しているガイドさんに思われていたらしいのだ。声を掛けられたり、物乞いにたかられたり、子供に腕を引っ張られたり、飲み屋でプレゼント攻撃を受けたりというのは喜納だけで、いっしょに行動している知念にはみんなが無関心だったという。

仕事の都合で喜納よりも一足先に帰国することになった彼女は、フィリピンの空港で日本に出稼ぎに行くフィリピン人と間違われ、コーヒーを飲みながらメモをしていると、日本語が書けるのかと感心されたそうだ。

中途半端だったものを、ひとつひとつ片づけていきたいなぁ

２００1年春、知念はなんと3つのアルバイトを掛け持ちでこなしていた。ひとつは月曜日から金曜日までの日中、銀座のクラブの給料計算。週末の土日はコーヒーショップのウェイトレス。そのほか平日の夜に週3日、自宅近くの居酒屋でアルバイトをしているというのだ。1年半のブランクを埋めるためとはいえ、まさに休む暇もなく働き続ける毎日。よく体がもつものだとは思うが、そこまでする意味があるんだろうかとも思ってしまう。

「実は東京じゃないところに住みたいと思ってるんです。いろいろ考えたのね、ちょっと海外に行ってみようかと思って。旅行で行くんじゃなくて、海外に住んでみようと思って。昔からのあこがれがハワイなんですよ。遊びを優先させてたために、伸ばし伸ばしにしちゃったけど、そろそろこの辺ではっきりさせなくちゃいけないと思って。そのための資金を貯めないといけないんですよ。それでアルバイトを掛け持ちで。

高校を卒業してから長いこと勉強と離れていたから、なんかとっても勉強をしたいんですよ。あと、昔っから大学生にあこがれてたんですけど、でも高校生のころは家が超がつくほど貧乏で、とても大学に行きたいなんて言いだせる状態じゃなかったから。行くんなら自分の力で行くしかないなと思って、そのときはすぐにあきらめたんです。

でも、ハワイに行くとか言っておきながら、実は英語がまったく喋れないんですよ。だから、ハワイに行ったらまず語学を勉強して、その後できれば大学に通いたいなあと思ってるんです。大学では絵の勉強をしたくて。中学生のとき紅型を授業で描くっていうのがあって、それはそれはもう丁寧に描いたんですよ。うちの親にしてもおばあちゃんにしても普段はあんまり褒めないんだけど、そのときはきれいだきれいだ、おばあもこんな紅型着てみたいなあってすごく褒めてくれて、子供心にすごくうれしかったのを覚えているんですよ。

絵は昔から好きでよく描いていたんで、本格的に勉強してみたくなったんです。これまではなにをやるにしても中途半端できちゃって、その結果がいまのわたしだから。だから中途半端だったものをひとつひとつ片づけていきたいなあと思って。あと、着物を縫うのも好きなんです。洋裁と和裁を高校で習ったんですけど、ミシンを使ってダダダダダダって早く作るんじゃなくて、ゆっくりゆっくりと時間をかけて作る和裁のほうが好きで、それもちゃんとやってみたいんです。うちの姉に、和裁のプロと洋裁のプロがいるんですけど、わたしが小さい頃は洋裁のお姉ちゃんが全部オーダーメイドで作ってくれてたくらいで。だから夢としてはわたしが紅型をデザインして、それを和裁のお姉ちゃんに縫ってもらうっていうのがいいですね。

ほかにもやってみたいことはいっぱいあって。わたしの家は兄弟が多いんですよ、有名なくらい多くて。和裁や洋裁だけじゃなく、いろんな特技を持ってる兄弟がいて、料理が得意な人もいるんですよ。だから、兄弟で沖縄で、なにかひとつお店ができたらおもしろいねみたいなはなしもしてるんですよ。人数が多いからみんなてんでんばらばらにやってたんですけど、おばあちゃんが亡くなったのをきっかけにマメに連絡を取るようになって。

ハワイに行くのは、予定では1年後。1年半もなんにもしないで引きこもっていたから、3年分ぐらいの休みは取ってるでしょ、だからしばらく休みなしで大丈夫です」

嘉手納ベースのすぐそばで生まれ育った知念雅美は、小さい頃からアメリカに行ってみたかったのだそうだ。音楽にしてもアメリカのロックを当たり前のように聴いて育ち、沖縄の米軍放送、6チャンネルでは大リーグやNBAを見るのが大好きで、とりわけマイケル・ジョーダンの大ファンで、いちど引退したときには自分の人生まで終わってしまったような気がしたという。そんな環境で育った彼女にとってアメリカは遠い国ではなく、ごくごく身近なお隣さんだったのだろう。彼女のアメリカ贔屓を見ていた弟は、「姉ちゃんは大きくなったらアメリカにお嫁にいく」と思いこんでいたらしい。

昔からの憧れだったハワイでもう一度勉強をするという目的は、祖母の死という悲しいターニングポイントがあってこそなのだと思う。若いときには時間は永遠にあり、自分もいつかは死ぬという事実にまるで真実味が感じられない。ちょっとやそっと、無駄に生きようが、この先いくらでも取り返せるような気がしていたのだ。仕事と遊びに明け暮れていた知念も、東京生活のなかでは、それまでの自分を見つめ直す機会など訪れなかったことだろう。祖母の死があってはじめて得た時間だったのかもしれない。

亡くした人の存在が大きければ大きいほど、心を癒すのに時間が必要だ。引きこもりという名の充電期間をへて、知念雅美はようやく以前のように明るく賑やかで元気いっぱいを絵に描いたような状態に戻り、夢を実現するためのにアルバイトに精を出している。Ⓣ

上間さちえ

UEMA Sachie
1995年

沖縄から来たっていうと、いいね、いいねってみんなが聞いてくるんだよ。

19歳の上間が東京でひとり暮らしを始めたのは1995年の春先のことだった。専門学校に通うため、生まれて初めてのひとり暮らしをスタートさせたのは、東京都杉並区の高円寺。そもそもは沖縄にいた頃、雑誌にオシャレな街としてよく紹介されていた世田谷区の下北沢に住みたかったというが、あまりにも家賃が高いために断念。下北沢と似た街で、しかも家賃が比較的安いということで選んだのが高円寺だった。

家賃5万7千円。わずか四畳半ほどのロフト付きワンルームマンション。朝から夕方5時までは専門学校に通い、学校が終わるとウェイトレスのアルバイト。部屋に帰るのは眠るためだけのような生活が始まった。

半年が過ぎて冬を迎えた頃、東京での生活にも慣れてきたという彼女と待ち合わせた日、東京ではその冬いちばんの冷え込みだった。

「学校はね、服飾の専門学校。那覇にいたときにアルバイトしてた雑貨屋みたいな店が、すごく服装にうるさくって、ジーパンで働いちゃいけないとかそういう店だったの。それまでは服なんて興味なくってジーパンしか持ってなかったんだけど、スカートとかいろいろ買うようになって、それからかな、服とかに興味を持つようになったの。

最新の服とかってやっぱり東京でしょ。それで東京に行ってみたいと思うようになったたって感じかな。だからそれまでは、沖縄から出たいとか思ったことはいちどもなかった。中学卒業してからずっとアルバイトしてて、それなりにおもしろかったし。

でも東京に出てきて良かったぁ。すごい楽しかったぁ。渋谷とか下北沢とかオシャレな街に住みたかったけど、でも高円寺もすごく楽しい。家から駅も近いし、大きな公園もあるし、古着屋さんとかもいっぱいあるし、それに結構沖縄の人もいっぱい住んでるね。

部屋はすごい狭いの。ワンルーム。四畳半あるかないか。でもベッドが付いてて、冷蔵庫もエアコンもシステムキッチンみたいのも付いてたし、狭いけどお風呂もあるし。ひとり暮らしするんなら冷蔵庫が必要だとかガス台が必要だとかね、買わなくちゃいけないと思ってたからすごく良かった。

だけど3月に越してきたときにはフトンしかなくて、東京の3月はまだすごく寒くて、沖縄から荷物が送られてくるのが1週間ぐらいかかっちゃって、部屋の中にあるのはフトンだけっていう状況。あのときは結構つらいもんがあったぁ」

専門学校にもいろいろあるのだろうが、上間の通う学校は規模は小さいながらも、厳しいことで知られている。通ってくる生徒のほとんどは高卒で、しかも高校時代に服飾関係の勉強をしていた者も少なくないそうだ。そんな環境は上間にとって、かなりのプレッシャーに違いない。那覇の雑貨屋でアルバイトするまでは服飾への興味などまるでなかった彼女は、服を作ったことなどもちろん、簡単な裁縫すら学校の授業以外ではしたことがないのだ。

実際の縫い方はもちろん、学校ではデッサンの基本からたたき込まれる。頭のなかでどんなにすばらしい服をイメージしても、そのイメージをデッサンして、さらに型紙におこせなければ服作りはスタートできない。いくら手先が器用で縫い物が得意だとしても、自分のイメージした服を作ることは出来ないというわけだ。

「学校はホント勉強になる。生地に縦と横があるなんていうことも知らなかったくらいだから。ほかの人には当たり前なのかもしれないけど、感心の連続。でも厳しくって厳しくって、たとえば1ミリでも生地が長かっただけで、先に進ませてもらえないくらい。

わたしって中学を卒業して高校に行かなかったでしょ。中学を卒業して15、16、17ってまだみんな高校生でしょ。高校3年になるとみんな大学に行ったり専門学校に行くか決めて。その時期になってね、自分と同じ年齢の人が進路を決めてて、なのにわたしはずっとバイトしてていいのかなぁ、つまんないなぁって。だから東京に行って専門学校に通いたいって言ったら、親は全然反対しなかった。勉強して欲しかったみたい。沖縄にいたときも、学校に通えって言ってたし。

学校は厳しいけど、自分で服を縫えるようになるっていう目標があるから。ただ、例えばシャツを作るんだったらデザインの下書きして、型紙作って、自分で生地を買ってきて、型紙通りに切って、縫う。そういう授業が毎日毎日だから、退屈って言ってしまえば退屈かな。学校にはスタイリストになるコースもあって、なんかそっちのほうが華やかそうなんだけど、スタイリストのコースは縫うのは主じゃないの。いくら頭のなかで考えてデザインとかが出来ても、自分で縫えなくちゃしょうがないでしょ？　だからわたしは縫うコースに通ってるの。

どんなものでも作れれば、そういう技術を身につけられるなら、そっちのほうがいいと思うし。学校で習えばブティックとかで売ってるような、ちゃんとした服も作れるようになるはずだし。ずっと続けていけば絶対にいいと思って。だから卒業したらメーカーに就職して、お針子さんになりたい」

もしかしたらこの先、ずーっと東京にいるような予感がする

東京に来て半年だというのに、すっかり馴染んでいるように見えた。ところが、上間が東京に

来た時期は、中学校の同級生もちょうど高校を卒業して進学したり就職したりという時期に重なっていたにもかかわらず、東京に出るという知り合いはひとりもいなかった。はりきって出てきた東京だったが最初のうちは友達もできず、しょっちゅう沖縄の友達に電話していたため、月の電話代が3万を超えてしまうこともあったそうだ。しかも上間にとって「沖縄の出身」というのは、イナカ者の代名詞だと思いこんでいたため、学校でも最初のうちはなかなかはなしも出来なかった。

だが、彼女が沖縄出身と知るや、それまで口をきいたこともないような人まで、彼女のまわりに集まりはじめ、「もっとバカにされるかと思ってたのに、ホントあっという間に友達がいっぱいできちゃった」という。友達が出来れば行動範囲も広がる。それまでは学校が休みになっても高円寺の古着屋を巡ったり、近所の公園で過ごしていた彼女だったが、新宿や渋谷といった繁華街にも「普通の顔して」遊びに行けるようになった。

「よく遊びに行くのは渋谷。タワーレコードなんかに行くと2時間ぐらいずっといるなぁ。映画見たり、夜はクラブ行ったり。学校の友達と遊んでるから飽きない。全然飽きない。東京ってすごくおもしろい。あっ、あとね、新宿のアルタを見たときすごく感動した。『ここで毎日「笑っていいとも」やってるんだ!』って。あっ、それと竹中直人に会ってすごくうれしかった。青山で買い物してるところを見たの。あとあれも見た、電気グルーヴの卓球さん。

東京の嫌なところはね、ウ～ン満員電車ぐらいかな。ドラマとかで見てたような混みぐあい。毎朝地下鉄がすっごい混んで、もう嫌で嫌でしょうがないからウォークマンのボリュームをガンガンにして乗ってたら、みんな『うるさいぞ』みたいな目で見るの。あっ、ヤバイと思ってボリューム を下げたり。そんな経験したことなかったから。いちどなんか乗ってる途中で貧血気味で気分が悪くなっちゃって、駅員さんに運ばれて介抱してもらったこともあったし。

でも、電車ってすごく便利。乗り継げば日本中どこへでも行けるし。切符売り場で路線図を見てると、あーっ、群馬県まで行けるんだ、福島県まで行けるんだすごいな~って。それに夜中まで走ってるし。いままで電車でいちばん遠くまで行ったのは、神奈川県の鎌倉。夏に泳ぎに行ったんだけど、海、汚いねぇ。結局入らないで帰って来ちゃった。

東京はほんとにお金がかかる。学校に行きながらアルバイトしてるでしょ、両立させるのがすごく難しい。よくやってるよって感じ。バイトして家賃稼ぐってのも大変だし。あとねぇ、学校の教材費。生地買ったり糸買ったりもあるし。学校行ってるから働ける時間も限られちゃうし。でも、最初に1年分の授業料と入学金を出してもらって、あとは『仕送りはなし、自分で頑張る』っていう条件で来たから。

だいたい地方から来てる人って仕送りもらってるでしょ。学校の友達でも家賃分をもらってたり、月に10何万かもらってたり。バイトは近所のイタリア料理店でウェイトレスしてるんだけど、遊びたいからなかなかお金たまらないし。なるべくお金使わないようにしたいから、ご飯はほとんど自炊。学校行くときもお昼はお弁当作ってくし、お弁当作れないときでもおにぎり持ってって。ほんとうはソーキとか食べたいから実家から送ってもらいたいんだけど、父親が入院してて、母親も大変っていうのがわかってるから言えないし。

このあいだもすごくソーキが食べたくってデパートに探しに行ったんだけど、『ソーキ』って書いてないからわからないの。要するに骨付き肉でしょって思うんだけど、なんか違うような気がしてグルグル歩いたんだけど、結局買えずに帰って来ちゃった。でも食べ物くらいかな沖縄が恋しくなるのは。こっちに来てまだそんなに時間がたってないからかもしれないけど、沖縄に対しては、別になんの感情もまだない。すごく好きだったわけでもないし、嫌いで出てきたわけでもないし。新聞やテレビとか見ていると、今年はいろいろあったみたいだけど、それも『別に』って感じ。それよりはずっとオウムの事件のほうが気になった。高円寺だからオウムの道場も近いし、商店街のなかにサティアンショップもあるし。地下鉄で学校に通っているでしょ、だから親とかも『あんた気をつけなさいよ』って電話来たし。

10月に、東京に来てからはじめて沖縄に帰ったんだけど、まだ太陽がギラギラしてて暑かったな。なんか陽の光の色が違うの。東京って、月とか星とか太陽が遠いね。沖縄って近いでしょ。そういえば東京に来てから星空見たことがない。沖縄より雨も多いような気がする。じとじとじとじとヘンな降りかた。夏の暑さは全然平気、暑いのは得意だから。でも寒いのはホントだめ。朝ベッドから出るのに勇気がいる感じ。でも、だめなんだけど、雪は見てみたいの。生まれてからいちども見たことがないから。寒いけど、それはそれで結構楽しみ。

わたし来年成人式なんだけど、それに合わせて帰ろうとは思ってない。成人式は無視。20歳になったら、ピアスをバァーって開けようと思ってるの。入れ墨もしてみたいし。まだ東京に来てそんなにならないけど、もしかしたらこの先、ずーっと東京にいるような予感がする。まぁ、とりあえずいまは元気に頑張って楽しんでいるから」

大人でもないし子供でもない。しっかりしているようなのに、どこかとても危うい感じもする。地面から数センチ体が浮いた状態で、東京を漂っているような印象を受けた。

彼女のはなしを聞きながらぼんやりと思い出していたのは、大学に通いながらアルバイトに精を出していた19歳の頃の自分だった。親元から通って衣食住が保証されていたぼくがアルバイトに精を出していたのは生活のためではなく、もっぱら休みになるとどこか旅行へ行くための資金稼ぎだった。上間と比べると、なんとも贅沢な環境に違いない。にもかかわらずぼくは、うるさい親元を離れての自由なひとり暮らしに、厳しい現実を知らないまま、憧れていた。

自由であるということは、裏を返せば自由であることの責任がすべて自分にのしかかってくるということでもある。自分自身でものごとを規制していかなければ、そのうち自由ではいられなくなるのだ。

上間はいま、目一杯の自由を満喫しているのだろう。自由を満喫するため、学校に通い、アルバイトをして、なるべく自炊をして、お昼にはお弁当を作って、じょうずにバランスをとっている。だが、このバランスがいつまでも保たれるという保証はどこにもない。バランスを失うことだってこの先必ずあるだろう。そんなとき、助けてくれるのは、服に対する彼女の思いそのものに違いない。

「頑張って学校に通って、いつかは自分の服がお店で売られるようになりたい。だからもうちょっと頑張って学校に通って、それで自分をよーく見てみて、それでダメだったらあきらめるかもしれない。あ、やっぱりあきらめないあきらめない」Ⓣ

第 Ⅱ 章

自分の中の沖縄に気づいて、
描く絵がガラリと変わったんだ。

金城勇二

自分の中の沖縄に気づいて、描く絵がガラリと変わったんだ。

KINJYO Yuji
1996年

金城勇二が沖縄を離れたのは1989年、高校を卒業したばかりの18歳だった。好きだった絵の勉強をするため、そしてなにより窮屈でうんざりしていた沖縄から抜け出すため、彼が選んだのは東京のイラスト専門学校に通うことだった。

だが、18歳だった金城には、イラストレーターになるという確固たる思いがあったわけではない。もちろん絵を描くことは本当に好きで本格的に勉強してみたいとは思っていたものの、それよりなにより、とにかく沖縄を脱出することが第一だったのだ。

東京に出てきた当時、金城は身の回りからとにかく沖縄的なものを切り捨てようとしたという。そういう行動の裏には、沖縄という日本のへりからやってきたというコンプレックスがあったのかもしれない。端から見ればいらぬコンプレックスなのだが、習慣、言葉、人間関係など、沖縄と東京の違いは少なくない。東京への憧れが大きいほど、その違いは否定するべきものになってしまうのだろう。だが、そんな幻想は長続きしない。東京での生活が2年を過ぎた頃、金城は自分の内にある沖縄に目覚めたという。

映画が好きで、音楽が好きで、そして絵に関してはプロ指向が強いという彼にはなしを聞いたのは、勤務先の塗装会社が休みだという月曜日の夕方。池袋の駅にほど近い文芸座という映画館の横にある喫茶店だった。

「生まれは浦添です。89年に出てきたから、ことしで8年目になるのかな。こっちに来るときはひとり。友達はだれも来なかったから。とにかく沖縄から出たかった。こんな狭い島から抜け出したいって。うんざりしてたんです。東京に来て最初はイラストの専門学校に通ってたんですよ、2年間。イラストレーターになるっていう目標があったわけじゃないんですけど、絵がずっと好きだったから。沖縄には美大はあるけど専門学校はなくて、それで東京に来たんです。もちろん東京に対する憧れもあったし。

中学、高校時代はなぜか友達にヤンキーが多くて、みんなバイクとかクルマに夢中になってるんだけど、俺はそういうのにまったく興味がなかったんですよ。仲は良かったんだけど、バイクよりか音楽聞いたり、絵を描いたりしてるほうが好きで。ラップとかヒップホップをよく聴いてた。夜中にスプレーでビーチの壁に絵を描いたりとかしてね。そういえば東京に来てからも、夜中にスプレーで絵を描いていたら、巡査に捕まったことがあったけど、ハハハハ。

まぁとにかく東京に来たての頃は、沖縄から逃げたい、沖縄を切り捨てたいっていう気持ちだったんだけど、それが2年ぐらいしたらガラリと変わった。なんでかな？　ありきたりなはなしですけどね、沖縄から離れたら沖縄が見えてきた。それまで描いてた絵は、どこかモノマネ的で、自分では独自のスタイルだと思ってたんだけど、でも実はそこには血が感じられないというか、ルーツが感じられないというか。それが、自分のなかの沖縄を発見してから、嫌が応にも俺は沖縄の人なんだなと気づかされてからは、絵もガラリと変わりましたね。

だいたい最初に東京に来たときに、ここは外国だなと思ったんですよ。町並みとか人の顔が全然違うじゃないですか。いちばんショックを受けたのが電車のなか。乗っている人たちの顔をぼんやりと見ていたら、あぁ、これは絶対に人種が違うなと思ったんですよ。専門学校の友達とはなしをしていても、当たり前だと思っていたことが、こっちの人には信じられないようなことだったり。

見るもの聞くものがみんな珍しいわけですよ。街を歩いていても、そこらへんにあるガードレールだとか街灯とか、屋根までもが珍しい。はじめの2ヶ月くらいはなにもかにもにびっくりしてて、道に落ちてるチリひとつでも珍しく見えちゃうんですよ。そういう意味でも外国だと思いましたね。

言葉づかいひとつでも、ずっと標準語だと思ってたのが、東京に来てみたらそんな言い方はしないっていうのが結構あって。例えば、『犬を養う』とか『猫を養う』なんていう言いかたは東京ではしないし、ヒモの結びかたで、『リボンくびり』とか。まぁそんなつまんないことはどうでもいいんだけど、要するに沖縄にいた頃は、『本土』対『沖縄』っていう相対的な見方がなかったわけ。沖縄が単なる日本の一地方ぐらいの認識しかなかったっていうことかな。
だから最初の2年間で、本土の人たちと自分は、根本的に違うんだっていうことを実感させられて、それで自分のルーツっていうか沖縄に目が向くようになったわけ」

専門学校を卒業し、就職してからもずっと続けているという絵を見せてもらった。鉛筆だけで描かれた絵は、現実には存在しない金城の想像世界なのだが、なぜか懐かしさを感じさせる、沖縄の町並みと人々だった。沖縄を毛嫌いしていた反動からか、溜め込んでいたものが一気に吹き出すように、心のなかの沖縄を作品に仕上げていったのだろう。

これまでに描きためられた作品は、グループ展や個展を開いて発表してきた。個展を開く場合には、会場費として約30万円ほどかかるというが、そんな経済的な負担より、とにかく人に見てもらいたいという気持ちが強いという。初めて個展を開いたギャラリーでは、オーナーが金城の絵を気に入ってくれ、2度目の個展はギャラリーの企画展という形で会場費も無料で開いてくれ、さらに何点か作品も売れるといううれしいおまけつきだった。

金城の場合、自分のなかの沖縄に気付き、それを素直に表現することが、さらに彼自身の世界を広げることになったのだろう。変わったのは絵ばかりだけではなかった。沖縄に目が向くようになると、改めて沖縄のことを知りたくなり、ありとあらゆる沖縄関係の本を読み漁るようになった。

そしてそこから見えてきたのは、沖縄の抱えている問題ばかりでなく、さまざまな社会問題だった。

毛嫌いしていた三線まで始めた。オレにしてみたら、事件ですよ

「沖縄関係の本を読み漁ったのには、自分のなかにある沖縄のルーツを探しだすっていうのが芯にあったんだけど、でもそこから基地問題、同和問題、人種差別問題とかいろんなことが見えてきて、そういうことの根底には、沖縄と同じ問題を抱えているんじゃないかと思うようになって。そこからまた読む本の世界が広がっていって、いろんな本を読むうちに、こんなことを考えている人もいるんだって影響も受けて、そうしたら友達の幅もグンと広がりましたね。

あんなに沖縄から離れようと思っていたのに、自分のなかの沖縄を探るようになったなんて、俺にしてみたら、これはひとつの事件ですよ。

その頃からかな、三線も始めたんですよ。いまは週に1度、三線の愛好会に通ってるし。うちは父が古典をやる人で三線は何本もあったから、実家に電話をしていちばん安いオモチャみたいのでいいからくれないかって頼み込んで、送ってもらったんです。

小さい頃から父の演奏する民謡とかは耳にしてたんですよ。でも、中学とか高校の頃は、うるさくて嫌いだった。テレビとか見てるときにやられるとうるさくって。こんなジジ臭いのはやめてくれって、本気で思ってたくらいだから。なにが楽しいんだろうって。

三線をやっていると、言葉も覚えられるんですよ。俺ね、子供の頃方言喋ると親に怒られてた

んですよ。『ちゃんと日本語喋りなさい』って。ヘンなはなしだけど、大人は方言とかで喋ってるでしょ、だから小さい頃は『大人言葉』と『子供言葉』があるのかと思ってたんですよ。だからいまは、三線のおかげで言葉を覚えられる楽しみもあるんです。

でもまさか自分が三線弾いて民謡を歌うような人になるなんて、高校生だった俺に聞いたとしたらとても信じられないはなしですよ。

絵にしてもそうなんだけど、沖縄に目覚めた時期は、なんでもかんでも沖縄沖縄だったんですよ。いまはもっとゆとりが出てきたせいか、また違ったものを描いてるんです。東京で暮らしていて、普段考えていることとか、影響を受けたものなんかを素直に表現できればと思っているんです。そういうふうにしてても、俺のなかにある沖縄は自然に出てくるはずだし。ただ、いまのところ、自分の描いているものがいろいろ変わっていくんですよ。まだまだいろんなものを吸収したいし。だからまだ模索している状態ですね」

金城の実家は、父親が郵便配送の会社を、母親は「たらふく食堂」というお店を経営している。両親は金城に、本心はどうであれ、基本的にはあなたの好きなようにしなさいと言ってくれるという。だが、そんな両親も金城が東京に行くことに関しては猛反対だった。高校時代の金城は決してマジメではなく、むしろ学校を平気でさぼって遊び回るようなタイプだった。となれば、「そんなオマエが専門学校なんか行けるものか！」「先が見えてるからやめなさい」の大合唱もうなずけるはなしだろう。

だが彼には彼の言い分もある。このまま沖縄にいれば、それこそ先が見えてるくらいに絶望していたのだ。

「いまになってみると、『沖縄にいたら先が見えてる』とか『人生に絶望する』なんていうのは、自分のことを棚に上げて、なんでもかんでもまわりのせいにしていたんですね。結局どこにいても自分の生き方を決めるのは自分なのに、自分の知識の浅さや行動範囲の狭さを沖縄のせいにしていたんですよ。ガキだったんです。でも、こういうふうに思えるようになったのは、逆に言えば沖縄から出たせいでもあるのかなと感じるけど。

いまでも親とかに電話すると、『なにか食べたいものはないか、送るから』って言ってくれるんですよ。ポークがいいとか梅干しが欲しいとかいうと、もっとちゃんとしたものじゃなくていいのかなんて気にしてくれて。俺ね、こっちに来て食べ物に困ったことないんですよ。聞いたこともないような食べ物がいっぱいあってとまどったことはあるけど、なんでも食べられたし。

沖縄を離れてもう8年ですけど、沖縄もずいぶん変わったような気がしますね。最近気になるのは、やっぱり少女暴行事件に始まった基地問題ですね。昔の自分だったら、『こんなの自分に関係ない』で終わってたと思うんです。でも『関係ない』じゃなくて、結局は自分の問題になってくると思うんですよ。

そういうのをないがしろにしとくと、結局あとで後悔することになるはずだし。問題意識っていうのを常に持っておきたいなぁと思っているんです。

基地の問題なんかになると、被害者意識だけを武器にして沖縄を話す人もいるけど、俺そういうのも嫌いです。例えば沖縄戦で、壕に入ってた沖縄の人を日本兵が追い出したっていう事実があるでしょ。でも当時の沖縄には台湾や韓国・朝鮮の人だっていたわけで、その人たちに対しては沖縄の人だって加害者なんじゃないかと思う。

どっちが加害者でどっちが被害者とか、どっちが優れててどっちが劣ってるなんていうんじゃなくて、過去の事実をふまえたうえでお互い対等にはなししたいし。お互いを認め合って、いいところを発見しあえるような仲になりたいですね。こっちで出会ったウチナーンチュで、すごく東京のことや東京の人を悪く言うひとがいるけど、そういうのに会うとすごく悲しい。その人は東京がダメで沖縄はすごくいいところのようにはなすけど、そんなことはないよぉと思う。東京にだっていいところはあるし、沖縄にだって悪いところはあるし。

俺ね、沖縄のこととか自分のこととかを考えてるとどうすればいいのかわからなくなって、すごくフラストレーションが爆発することがあるんですよ。なにをどうしたらいいのかわからなくなることがあるんです。なんだけど、そういうときでも絵だけは描いてる。どんなときでもね、絵に関してはプロ意識があるんです。絵だけはやっぱり俺の武器だから。自分を表現できる最高の手段だと思っていますから」

絵を描くという、自分を表現できる手段をひとつでも持っているということは、大きな強みと自信になっているのだろう。言葉を選びながら淡々とはなす金城の口ぶりは落ち着いていて、自分自身のことを含めて、沖縄のことや社会問題などを客観的に自分の言葉で語る20代が意外だった。そして東京に来て8年になるというのに、いまだに抜けない沖縄のイントネーションが妙にうれしかった。Ⓣ

KINJYO Yuji
2001年

もちろん描いてます。絵は唯一の俺の武器だから。

世の中は不公平だと感じることがある。一生懸命に努力しているのに報われない人が大勢いるいっぽうで、大した努力もしないでうまい汁を吸っている奴がいる。例えば悪どい政治家みたいに。ぼくもうまい汁を吸ってみたい。道ばたにおじいさんが倒れている。助け起こして家まで送りとどけると、実はなんと身よりのない大富豪で、「あなたのように親切な人は出会ったことがない」と手を握りしめ、ハラハラと涙を流しながら感謝され、私の財産を是非！　と懇願され、莫大な遺産を相続することになる。高校生の頃、友人と本気でこんなはなしをして、道端に倒れているおじいさんを探して歩いたこともあった。なんともバカな高校生だった。

そんな夢物語ではなく、現実でも、ひょうひょうとしながら世の中をうまい具合に泳いでいる人間がいる。金城勇二もある意味では東京という街を上手に泳いでいるひとりかもしれない。1989年、彼は絵描きになるという決意を胸に上京。イラストの専門学校に2年間通ったのち、様々なアルバイトをしながら、コツコツと絵を描きためてはグループ展や個展を開いていた。

1996年当時、彼が描いていたのは内なる沖縄。毛嫌いし、決別するように出てきたはずの沖縄だったが、表現者として辿り着いたのは、自分のなかに流れる沖縄という原風景だった。鉛筆だけで描く彼の絵は、現実ではないがどこか懐かしい沖縄の風景を描写したものが多い。ぽつりぽつりとではあるが、展覧会では絵も売れ始めていた。とは言ってもそれだけで生活できるわけはなく、彼は様々なアルバイトで生活費を捻出していた。そして2001年、5年ぶりに再会した彼は、なんと証券会社のサラリーマンになっていた。

「勤めはじめて1年くらいです。友達の紹介で。証券会社って言っても、自分がいるのは総務なんで、株の売買とか、直接の証券業務っていうのはやってないんです。でも全然自分とは縁のなかった世界だけどやってくうちにこの仕事いろいろおもしろいなぁと思って、本格的に勉強しようかと考えているんです。

証券会社に勤めるまでは、アルバイトをいろいろ。仕事の数を数えたらもう数えきれんですよ、多すぎて。ペンキ塗装の営業とか、エステティックサロンの事務、長野県に行ってレタスの栽培も3ヶ月やったし。あれはね、いろんなアルバイトのなかでもいちばんきつかったですよ。ずっと同じ姿勢で百メートルくらい先まで腰をかがめてレタスの苗を植えて行くんだけど、ものすごく腰が痛くなるんですよ。

アルバイト以外はずっと絵とか描いてましたね。でも、もうどうにもならないところまで追い込まれちゃって、金銭的に。あと将来に対する不安みたいのもあったし。絵の方も雑誌の挿し絵みたいな細々した仕事はいくつかしてきたんだけど。もちろんいまでも絵は描いてます。絵は唯一の俺の武器だから。

挿し絵とかじゃなくって、本当に自分の描きたいものを描いてるほうが楽しいですね。いまはまた展覧会をやるために作品をためてる状態ですね。でも、前みたいな絵とは全然タッチもテーマもガラリと変わりましたけど。沖縄シリーズはもう描いてないです。いまは沖縄をテーマにしてないのを。人物画とか。タッチも全く違いますね。タッチがいちばん変わったかもしれない。

画廊の人には『金城君、絵はあんまり安売りしない方がいいよ』とか言われるんですけど、あんまりお金に執着はないですね。そりゃお金が入ってきたらもちろんうれしいんですけど。それよりか自分の絵をひとりでも多くの人に見てもらいたいっていうほうが強いです。でも、確かにむやみやたらと人にあげるようなことはしなくなりましたね。

いまちょっと特殊な紙に描いてるんですよ。フランスのアルシュっていう紙で、1枚800円くらいするような上等紙なんですよ。でもねえ、本当に上等紙。鉛筆のノリがよくって、あれに描いたらもう他のには描けんですね。それにうすーい鉛筆でグラデーションつけながらだんだん濃くしていくんですけど、すごく時間がかかる。こないだも1枚仕上げるのに、会社に行きながらだけど4ヶ月ぐらいかかった。4ヶ月かければいいものができるっていうわけじゃないけど、すごい時間がかかる。会社にも持っていって、昼休みにも描いたりしてるんですけどね。

それとここ1、2年音楽の話もいろいろ持ち上がってきて、レコードも作ったんですよ。三線のほうは10年くらい前からいじっとったんです。でも僕の場合師匠につくとかそういうことはしていないんで、自己流なんですよ。もちろんチューニングのしかたとか基本的なことは三線の愛好会なんかに顔出して習ったんですけど。そこで何曲か弾けるようになったら、あとは自分でテープを聴きながら音を探して覚えたり。プロから見れば僕なんてもうぜんぜんカスみたいなもんだろうけど、自分ではそれで充分楽しいから満足。音楽では絵と違って全然プロフェッショナルを目指してないですから。ましてや音楽で稼ごうなどとは毛頭考えてないし」

瓢箪から駒、棚からぼた餅、寝耳に水。プロを目指してもないのになんでレコードまで。プロを目指していて、それなりの腕前を持っていたとしても、自主制作でもしない限り、なかなかレコードなんて出せるものではない。それをちょろっとつまびける程度のシロウトが簡単にレコードを出してしまうなんて、なんともふざけたはなしじゃないか。

ツキというのか無欲の勝利というのか。事の経緯はこうだ。DJをしているウチナーンチュの友人に、三線を弾けるのならいっしょに録音してみないかと誘われ、沖縄民謡をテクノ風にアレンジしたものを作り、それをクラブで流していたところ、とあるレコード会社の人の耳にとまり、なんだか知らないうちにあれよあれよとレコードになってしまったということらしい。当初発売されたのは12インチのアナログ版のみだったが、それが好評だったため、CD発売のはなしまで来ているという。

「なんかもう申し訳ないくらいですよね。こんなんでいいんかなぁくらいの気持ちです。一生に一度あるかないかの、そうあるはなしじゃないから、恵まれてるとは思うんだけど、ぼくみたいのがこんなことさせてもらうのは失礼なんじゃないかと。でもそういうことから音楽のはなしもいろいろ来るようになって、レコード発売の記念イベントとかもやったりして。そうしたらそのイベントを聴きに来ていた別のレコード会社の人が、青山のクラブでイベントやるから出てみないかなんて声をかけてくれて。

なんか本来の絵よりも、音楽の仕事の方がいろいろ来ていて。仕事なんていうと大げさだけど。沖縄を舞台にしている劇団があって、そこで三線ひいたり、県人会が呼んでくれて公民館で演奏したり。でも本当に自分ではこんな聴かせていいのかなぁっていう気持ちなんですよ。でもやっぱり呼ばれる以上はできるだけのことはしたいから、それなりに練習もしてますけど。スタジオなんかでみんなで練習すると、ギャラよりスタジオ代の方が高くなっちゃって。でもいいんですよ、好きだから。楽しいですね。

そういうのに触発されてっていうのか、最近ね、また絵の方も売り込みに行こうかなと思ってるんです。あんまり証券会社のほうに差し支えないようにして。時間は作れる自信があるから。そういうふうにやっていきたいなと。やっぱりねぇ、自分の絵ばっかり描いてるのもいいけど、なんかイラストとかカットでもいいから絵に関わった仕事をしていないと自分が不安で。それに自己満足で終わらせたくないっていうのもあるし。だからね、最近会社のとは別に、もうひとつ名刺を作ろうかと思ってるんですよ。絵の仕事のために。肩書きを

どうしようか迷ってて、自分ではイラストレーターではなく絵描きに近いと思ってるんだけど、名刺に絵描きっていうのもどうかなぁと思って」

僕はものすごく東京に合っていると思いますよ

1999年の夏以来、金城は沖縄に帰っていない。沖縄からの電話では、両親が彼の意志を確かめるように、この先も東京で働き続けるつもりなのかを度々訊ねてくるという。それは暗に「沖縄に帰ってきてほしい」という両親の気持ちのあらわれなのだろう。

金城だってそんなことは言われるまでもなく承知しているはずだ。それでも彼は東京から離れるつもりは微塵もない。

「もうここまで来たら帰るつもりはないですね。まわりにはもう沖縄に帰りたいって言ってるのがいるけど、オレにはそういうのないですね。将来の自分がどういうこと考えてるのかはわからないけど、いまのところないですね。いま時点では東京好きですから。ぼくはものすごく東京が合ってると思いますよ。やっぱり好きで来たし、期待通りでしたし。オレが思い描いてたのとは全然違う、なんていうこともなかったし。もう11年にもなるし、エンジョイしてますよ、東京生活。考えたらもうこれまでの人生の3分の1近くをこっちで過ごしてるわけだから。

仕事のことに関しても言えるんですけど、東京に来ての11年で、自分で気づいていることも気づいてないことも含めて、自分はいろいろ変わったと思うんですよ。でもね、そんななかで一貫して変わってないのがやっぱり絵に対する思いなんですよ。これだけは変わりませんね。絵は仕事っていうより、かっこよく言えばライフワークに近いかな、キザな言い方をすれば。それをしたいがために、仕事をしてるっていう感覚です。絵を描くために安定した収入が欲しかったんです。とりあえず手っ取り早く稼げるんだったら、証券会社じゃなくても、なんでもよかったんですよ。

だから会社に勤めてますけど、出世して偉くなるっていうのは頭のなかにあんまりないですね。それよりかは普通に働いて、食べていけるだけの給料をもらって、心配事もなしに絵を描いていきたいっていう気持ちがいちばんですね」

金城勇二はいつもひょうひょうとしていて気張ったところがまるでない。ゆらゆらゆらと波にゆられて漂っているような印象だ。ゆらゆらと抵抗しないで漂っているから、大きな波や嵐が来ても飲み込まれることはない。漂いながら嵐が頭上を過ぎていくのを待っていればいいのだから。音楽だったり、本だったり、映画だったり、漂っていておもしろそうなものを見つけると近づいていって扉を開けてみる。興味を持てば一通り楽しみ、吸収して、そして満足すればまた漂いはじめる。でも、ゆらゆらとしながらも向かっている方向は定まっている。それは絵だ。方向は定まっているが、一直線には進まない。わざと遠回りをするように、でもその遠回りを楽しみながらゆっくりと近づいていている。

漂いながら見つけて、そして彼自身でも意外なほどに興味を持ってしまったのが証券会社での仕事だった。彼はいま、顧客が株などの金融商品に投資する際、資産や年収などに基づいて適切なアドバイスをする、ファイナンシャルプランナーという資格を取ることを考えている。
パソコンの資格や英語の資格など、取りたいと思ったこともない彼が、ファイナンシャルプランナーの資格だけは取りたいというのだ。これまでにいろんな仕事の世界を覗いてきた金城だが、それらはすべて絵を描くための仕事であって、仕事に夢中になるということはほとんどなかった。ところが今回ばかりはどうやら違うようだ。絵は別格として、「自分のなかでいちばん興味あるのが仕事」とまで言うのだから。

「ぼくは職業イラストレーターとしてはやっていけないと思うんです。こういうカットをこういうタッチでっていう注文に応えられないわけだから失格です。それは自分でもよくわかってて。だから出版社とかまわって、自分の絵を気に入ってくれて、それで描かしてもらえればそれがいちばんいいんですけどね。なかなかそういうわけにはいかないですよね。だから、この時期に興味の持てる仕事に出会えたのはすごく幸運かもしれない。とりあえず昔のように将来に漠然とした不安を抱かなくても大丈夫なわけだし。
安心して絵に取り組める環境を作れた感じですね。この先なにがあっても絵だけは辞めないだろうし。絵はいつまでたっても試行錯誤ですよ。スタイルも次第次第に変わってきてるし。こういう言い方ヘンかもしれないですけど、絵も仕事も全部含めてすごく自分が楽しみなんですよ。この先どんなふうに変わっていくのか」

金城は絵を描く行為を、朝起きて歯を磨くのと同じくらい当たり前の習慣だという。気分が乗らないときでも、画用紙を前に鉛筆を握ると、ついつい描き始めてしまうというのだ。なによりも彼が恐れていることは、絵に対する情熱が薄れてしまうこと。だから、毎日描き続けることを自分に課したわけではなく、描かないでいると情熱が薄れてしまうことを恐れて描き続けているというのだ。彼が毎日布団に入る時間はたいてい決まって深夜2時。残業や映画を見に行ったりで帰宅が遅くなっても、寝る前の20分、30分は絵に向かっているという。

東京という街で組織に所属して仕事をしていくには、「いかに自分をじょうずに殺せるか」ということが必要かもしれない。個性の時代だとか言っても、個性的な人間ばかりが集まって、お互いに声高々と個性を主張していては、社会は混乱してしまう。もちろん個性を認め合うことは大切だが、会社なりグループなり、なんらかの集団を機能させるためには、ある程度自己を抑制することも必要になってくる。個性的であってもいいが、個性的過ぎると社会からは追い出されかねない。

その点、金城勇二は無意識なのだろうが実にうまく泳いでいる。たぶん彼の個性は画用紙に向けられ、そこで解放されているのだろう。だから普段の彼はじつにひょうひょうとしていて、証券会社という組織に属してもごくごく自然に柔軟にとけ込んでいるのに違いない。自分がないわけではなく、型にとらわれていない。いつでも変化の可能性を秘めているというわけだ。次に会ったとき、どんな変化を見せてくれるのか楽しみでいたい。Ⓣ

伊良皆　誠

ポップスで沖縄の第一人者になりたい。でもそのために沖縄を安売りはしたくない。

IRAMINE Makoto
1995年

渋谷だったり、新宿だったり、池袋だったり、高円寺だったり。夜の繁華街を歩いていると、シャッターを閉じた店の前や地下道の片隅で、ギターを手に歌をうたうストリートミュージシャンにちょくちょく出くわす。熱心に耳を傾ける客は少なく、ほとんどの人はまるでその歌声が聞こえないかのように彼らの前を通り過ぎていく。彼らの前に置かれたふたの開いたギターケースには、たいてい少しばかりの硬貨が投げ込まれていて、なかには自作のカセットテープを販売している者もいる。そんなストリートミュージシャンの多くは、いつの日かプロのミュージシャンとして、本物のステージに立つことを夢見ているのに違いない。

だが、いったい彼らのうちの何人がその夢をかなえることができるのだろうか？　いつまでその夢を追いつづけていられるのだろうか？

伊良皆誠がプロのミュージシャンを目指して八重山から東京にやってきたのは１９９２年、24歳のことだった。大学生だった弟のワンルームマンションに押しかけるように転がり込んでの共同生活が始まった。それでも定期的にライブをこなし、着実にプロのミュージシャンへと近づいているようだ。

彼の場合、ゼロからプロを目指すストリートミュージシャンに比べると、ひとつだけ違いがある。ひとつだけとはいっても、その差は計り知れないほど大きな違いと言っても間違いではないだろう。伊良皆誠は、すでにソニーからのデビューが約束されているのだから。


「生まれたのは石垣島の大川なんですけど、幼稚園からは登野城7丁目。父はキリスト教の教会の牧師をしていて、そういう家から僕みたいなのって、意外ですよね。石垣島には高校を卒業するまでいて、そのあとは福岡の大学に4年間行ってたんです。

でも休みになるとすぐ石垣に帰ってたんで、大学は休みが多いから1年のうち5ヶ月は石垣で、7ヶ月は大学に通うっていうかんじでしたね。

ほんとうは卒業したらアメリカに留学したかったんです。インテリアデザインの勉強をしに。僕の考えでは、こっちの学校に通わずに、向こうでしばらく勉強して、それから戻ってこようかと思ってたんです。ところがウチの父親が牧師でしょう、沖縄のアメリカ領事館の人は僕がアメリカに行って布教活動をするんじゃないかって疑うんですよ。アメリカでの学校の手続きなんかは向こうの知り合いが全部やってくれたのに、領事館の許可が下りないんです。もし布教活動すると不法就労になっちゃうんで。

結局差し止めを3回もくらっちゃって、行けなかったんです。いま思えば行けなかったことが結果的には良かったんだけど、そのときは落ち込みましたよー。どうも領事館の人に、個人的に嫌われちゃったんじゃないかと思ってるんですけど、ショックでした。

それで傷ついたまんま石垣島に戻って、最初の1年はスイカとメロンの栽培を手伝って、次の1年はいとこのやってる家具屋が人手不足だっていうんでそっちに転職して、そこで配達をやってました。そのころかな、ソニーのボーカルオーディションっていうのがあって、それをたまたま受けたら中央大会に進んじゃったんです」

伊良皆誠が音楽を始めたのは中学の終わりころから。高校のころにはバンドを組んで、なにかイベントがあると出演していたという。といってもなにも楽器のできない彼は、バンドではいつもリードボーカルを担当していた。通っていた高校は八重山高校で、バンド活動も盛んだった。1学年に10バンドくらいあったという。そんな環境が彼の声に磨きをかけたのだろうか、中央大会に進んだオーディションで準グランプリを獲得してしまう。ソニーのプロデューサーの目にとまり、東京に来ないかと声をかけられたのだが、彼はそのはなしに乗ろうとはしなかった。

「声をかけてもらったんですけど、ちょうど畑の収穫の時期だったんですよ。それを途中で投げ出すわけにもいかないんで。それに音楽やってたってたっていっても、ちょろっとかじった程度だから、いま東京に出てもダメだと思ったんですよ。自分のなかでの音楽観ていうのもしっかりしてなかったし。このままだったらすぐ人に流されそうだし、簡単に挫折しちゃいそうだったし。

畑で働きながらも音楽はずっと続けてて、毎晩朝5時までコットンクラブっていうライブハウスで年中無休で2年間歌ってたんです。1週間のうち8日は歌ってたんじゃないかっていうくらい。それでも朝9時には畑に行って、睡眠時間3時間みたいな生活でしたね。

でもあのギャップは良かったですよ。畑はなんにもない広ーいところで、そこを耕運機でひとり仕事をするんですよ。遠くにキラキラ光る海が見えたりしてね。それで夜になると酒とタバコと音楽でしょ。幸せでしたよ、あの頃は。畑をやりながら音楽を続けるっていう、自分なりの幸せがどんなものなのか、ちょっと見えた時期でしたから。

まぁ『大草原の小さな家』の見すぎなんですけど、自然のなかで大きな空を見ながら畑仕事をしてっていうチャールズお父さんみたいになれたらなぁって。だからそれに満足してたもんだから、そういうのを捨ててまで東京に行って音楽やる価値があるのかなぁとも思って。

いや、ほんとうは行きたかったんですよ。だけど自分のなかでいろいろ行かない理由づけみたいのしてて。自分を抑えつけて生活してたんですね。でも、ソニーのディレクターの人が2回も石垣島まで来てくれて。ようやく決心して東京に出たのは24歳でした」

門外漢のぼくには、ミュージシャンがどのような過程を経て、プロとしてデビューしていくものなのかわからない。いろいろなパターンがあるのだろうが伊良皆の場合、レコード会社は決まっているのにデビューできずにいるのは、所属事務所が決まらないからだという。事務所が決まりかけ、デビューが見えはじめるとなぜかはなしがポシャッてしまう。東京に来てからはその繰り返しだった。石垣島の両親との約束では1年間だけ頑張ってみて、それで芽が出なかったら島に戻るというものだった。だが、彼の東京暮らしは今年で3年目を迎えた。

「東京に出るっていうのは自分の問題であって、でも自分だけの問題では済まされない部分があると思うんです。自分の人生だけどそのまわりには親とか兄弟っていう家庭があって。だから1年間やってダメだったら石垣に戻って、それからのことはそのときに考えようと。ところが1年がたちそうな頃にようやくデビューが見え始めて、それはうまくいかなかったんだけど、それでもう1年だけ、もう1年だけで、いま3年目なんです。

この3年間で基礎的な部分はだいぶできてきたんじゃないかと思うんですよ、自分のなかで。ミュージシャンとしてやっていくなら、できるだけ息長くやりたいですから。だからあと1年、2年くらいは頑張ってみようかと思っているんです。

東京に来たばかりのころは、アルバイトもいろいろやってたんですよ。ファーストフードの店員もやったしアーティストのコーラスの手伝いとかやって。そういうので稼いで生活してたんですけど、いまは全部やめてなにもしてません。朝から晩まで自分の時間を全部音楽に費やせば、プータローと言われようが無職だろうが、仕事してなくったって恥ずかしくないって、自分に言い聞かせてやっているんです。いまでも定期的にライブをやってお金をもらってるんですけど、それ以外はなにも。

弟がね、もうすぐ卒業なんですよ。なんかそれでひとり暮らしをしたいらしくて。だからなんとかしなくちゃとは思ってるんですけどね。事務所さえ決まれば、定期的にお金も入ってくるしなんとかなるんですけどね」

島に帰って、島の空気とか時間を感じながら音楽をやりたいんですよ

プロのミュージシャンになるという明快な目的を持っているせいだろうか、彼の口からはそれにまつわるグチや、東京というそれまでとはまったく異なる環境への違和感といったものがこぼれ落ちることがまるでない。あたかももうずっと以前から東京に暮らしているかのように自然体なのだ。彼には東京の水が合っているんだろうか？

「そんなことはないですよ。いろんなことでものすごいギャップを感じてますよ。来たばかりのころはほんとうになにも知らないで、いろんなことがあるたんびに『東京の人は逃げ道をちゃんと用意しながら生活してる』とか『人と争う時も約束する時も必ず逃げ道があるな』とか感じましたね。約束にしても、あとになってみると『ぼくはあのときこう言っただろう』とか言われて、ああもうーっなんて思ったり。なんどかそういうことがあって、ああそういうものなのかなぁと思って。価値観とか付き合い方のペースが違うんでギャップをすごい感じましたね。

東京の人は、いっぱいある規則の中で生きるのはじょうずだけど、僕らは規則に従わない人種だと思うんですよ。どっちがいい悪いは置いといて、東京で共存していくんだったら、規則の中

でやっていくことが大事なんですよ。でも、僕はそういうのが苦手だから、人とそれ以上の付き合いというか、踏み込んだ付き合いをするのが怖かったんです。

こっちに来てわかったのは、自分がしっかりしてなくちゃダメだってこと。自分の責任は自分で負わないと。だから逆に言うと、東京の人は他人のことまで責任持てないから逃げ道を作ってるんですよ、きっと。ほんとうに無責任な人だったら逃げ道なんて作らないで、もっとすごい裏切り方をするんじゃないのかなぁ。

あと、東京に来てビックリしたのが満員電車ね。あれは乗るのもイヤだけど、あんなギューギュー詰めなのに僕がひとり乗ることによって、もっとみんなが不幸になるわけでしょ、それを考えると絶対乗れないですよ」

思わずぼくは笑ってしまったけど、考えてみればなるほどそういう考え方もあるんだなと納得できる。いまでこそ通勤電車に揺られることのない生活を送っているが、高校1年のときから会社勤めを辞めるまでの約10年間、ほぼ毎日のようにギューギュー詰めの電車に揺られていたにもかかわらず、自分の存在が人を不幸にしているなんて考えたことはただの1度もなかった。というよりもむしろ、伊良皆誠とは正反対に、自分以外の乗客に対して嫌悪感を抱いていたように思う。

なぜ彼はそういう考え方をするのか？　ぼくがそんな難しいことに答えられるはずもないが、彼が育ってきた環境、それは家族だったり、石垣島という場所ではぐくまれた人間関係、そういうものが少なからず影響しているに違いない。要するに彼は東京で自然体で暮らしているように見えながらも、実は根っからの石垣島の人間なのだろう。

「僕は音楽やってるときも、普段も、自分が沖縄出身だって意識したことはないですね。僕が歌ってるのはポップスなんですけど、歌詞にちょっと沖縄の雰囲気があるとか言われたことはあります。でもそれは自然ににじみだしたもので、意識的なものではないですね。でも詞を書いているときとかね、価値観とか世界観ていうのは沖縄で育ったものだろうし。もし僕が沖縄にこだわっているところがあるとしたら、それはフィーリングだと思います。

フィーリングってなんて訳したらいいんだろう、『感じ方』かな。いっしょにバンドやってるメンバーが、ふたりをのぞいてみんな島の後輩なんです。音楽って言うのは人間性が出ると思ってるから、テクニックうんぬんよりももっと表に出てくるものがあると信じていっしょにやってるんですよ。さっきはこだわってないって言ったけど、やっぱりこだわってますね。

沖縄ってこれまでポップスが育たなかったんですよ。ハードロックとかは頑張ってるんだけど。だから僕がちゃんと形にして、沖縄の第一人者になりたいっていうのが目標です。メジャーになりたいっていう。でもそのために沖縄を安売りにはしたくないですね。あー、僕ってけっこう沖縄にこだわってますね？　気づかなかったけど。

以前林賢さん（りんけんバンド）に曲を作ってもらったことがあって、それがすごいポップスを作ってくるんですよ。いろいろ話しをしたら、自分の信じてる音楽を追求しろって言ってくれたんです。沖縄の音楽をやってる林賢さんがそんなふうに言ってくれたのは、すごく心強かったです。

ほんとうはね、島に帰って、島の空気とか時間を感じながら音楽をやりたいんですよ。それができればいちばん理想的なんだけど、でもなかなかそういうわけにはいかないですよねぇ。東京にいるから入ってくる最新の情報もあるし。だから、東京である程度のクオリティーまで自分を引っ張って、石垣島へはそれから帰りたいですね」

残念ながらぼくは伊良皆誠のライブに出かけたことがいちどもない。彼のはなしによると、ライブには沖縄県人会総動員といった感じで、毎回大勢のウチナーンチュが集まるという。沖縄の熱い血を感じてうれしい反面、沖縄の人だけではなく、もっといろんな人に聞いてもらいたいともいう。

取材当日、事務所の人に聴いてもらうためのデモテープ作りでスタジオにこもっていた彼と会えたのは、深夜の1時をまわっていた。出来あがったばかりというテープを取材用の小さなカセットレコーダーにセットすると、張りがあって伸びのある、心地よい歌声が流れ始めた。テープを聴きながらぼくは、ステージで歌う伊良皆誠の姿を想像していた。

Ⓣ

IRAMINE Makoto
2001年

もういちど自分のやりたかった音楽をやっていこうと思ったんです。

2月の半ば、夜8時前、ぴゅーぴゅーと寒風が吹きつけるなか、ぼくは渋谷駅のハチ公口からだらだらと続く道玄坂を人込みをよけながら登っていた。目指すはライブハウス「ON AIR WEST」、this icというバンドのライブが目的だ。この日は3バンドが予定されていて、this icの出番は3バンド中最後の20時過ぎ。そろそろ前のバンドが終わろうかという時刻を見計らってライブハウスの扉を開けた。

this icは、ボーカル・伊良皆誠とギター・知念輝行という、石垣島出身のふたりを中心に2年前に結成。定期的にライブをこなすほか、2000年12月にはファーストアルバム「t ｈｉｓ　ｉｃ」をリリースした。というのは彼らのホームページ（http://www.icweb.jp/jam/）を覗いて得た情報で、彼らの活動に関してはぼくはなにも知らなかった。

１９９７年、伊良皆誠がソニーからデビューを果たし、その後アルバム「Ｉ’ｍ」を発表したところまでは知っているし、もちろんＣＤだって持っている。ところが彼のデビューと時期を同じくしてぼくは東京から離れてしまったため、彼がステージで唄う姿を実際には見たことがない。久々に連絡をとり、会いたい旨をはなすと、それなら是非ライブを見てほしいということになり、渋谷のライブハウスを訪ねることになったわけだ。

「ＯＮ　ＡＩＲ　ＷＥＳＴ」はかなり広めで、ライブハウスというよりは小ホールといった感じだ。それまでまばらだったホールはｔｈｉｓ　ｉｃのステージが始まると、どこに隠れていたのか、じわじわと増え始め、ホールに並べられていたパイプ椅子は片づけられてしまった。

それから約１時間半、女の子ばかりで気後れしたぼくはいちばん後ろの壁に寄りかかってはいたけれど、ものすごく楽しくって気持ちいい時間を過ごすことができた。そのライブから１週間後、今度は六本木のレストランバー「カリフォルニア・アゲイン」に伊良皆誠を訪ねた。週に６日、彼はその店で夕方6時から翌朝5時まで働いているということだった。

「ここで働くようになってもうすぐ2年ですね。最初はホールだけだったんだけど、たまたまマスターが腱鞘炎になっちゃったのをきっかけに、調理もするようになって。それまではポークを炒めるくらいで料理に関してはなにも知らなかったんだけど、ピザを作ったりっていうのから始めて。そうしたら料理もおもしろくって興味を持っちゃって、それから1年くらいいろいろ教えてもらって、ようやく最近おいしいものを作れるようになったかな。

ずっと音楽ばっかりやってきたから、この歳になるとほかのことなにもできないじゃないですか。だからいい機会かな、手に職をつけるみたいな。そうしたら楽しみももっと広がるんじゃないかと思って。もちろん僕のなかでは音楽がいちばん比重を占めてるんだけど、でもそれだけじゃなくってもいいんじゃないかと思うようになってきたのかな。そんなふうに考えられるようになったのは、ここ1、2年かな。ソニーとの契約を辞めてから。

ソニーとの契約は、プロデューサーとの関係がうまくいかなかったりとかいろいろあって、僕のほうからもう辞めたいってはなしたんです。向こうだって会社だから、CDが売れなければ商品価値がないっていうことだろうし、だから契約期間中だったのに辞めるって伝えても、ぜんぜん引き留められなかったですね。

あの頃はライブとかで唄ってもぜんぜん楽しいと思えなくて、僕にとって音楽っていうのはなんなんだろうとすごく悩みました。好きで始めた音楽なのに、気がついたら楽しくなくなってる。いったいこれはどういうことなんだって。レコード会社にとって僕は商品だから、プロデューサーは売るためにああしろとかこうしろとかいろいろ言うんですよ。こういうようにしたらCDを出してやるとか。僕もCDが出せるならっていう気持ちでそれに従ったりして。そういうのが続くうちにだんだん自分のやりたい音楽から離れちゃったっていう感じでしたね。

自分の命を賭けて音楽をやって、魂を売ってでもCDを売って有名になりたいかっていうと、僕はそこまでは思ってないなと気がついたんです。もちろん僕のなかで音楽は大きな比重をしめているけど、それがすべてだとは思わないし、売れるためにやりたくないことはしたくなかった。

それならばレコード会社を辞めて事務所も辞めて、もういちど自分のやりたかった音楽をやっていこうと思ったんです」

ひとことで言ってしまえば、伊良皆誠は妥協できなかったということになるのだろう。7年前にはなしを聞いたとき、とても印象に残ったひとことがあった。「僕たちはルールに従わない人間だから…」。ルールにもいろいろある。社会生活を営むルール、人間関係を構築していくためのルール、交通のルールもあれば、学校の校則だってルールのうちだ。そういったものとは別に、ミュージシャンとして売れるためのルールというものもあるかもしれない。

レコード会社が彼に求めたのは、そんなルールを守ることだったのだろう。売れるためにはどうすればいいのか。無名の新人伊良皆誠らしさを前面に出すよりも、より受け入れられやすい方向にもっていくこと。それを素直に受け入れて、とりあえずある程度売れてから自分らしさを徐々に発揮していく、そんな方法もあったかもしれない。でも伊良皆誠にはそれが耐えられなかった、そういうことだろうか。

ｔｈｉｓ　ｉｃの結成によって伊良皆誠は、自分の目指す音楽をだれにも指図されずに表現できる場を得た。一時は唄うのが辛くなったという言葉が嘘のように、ライブは活き活きとしていたし、なにより自分自身でライブを楽しんでいるのがありありと伝わってきて、こっちまで楽しくなってしまうのだ。ぼくはソロのＣＤを聴いているよりもｔｈｉｓ　ｉｃのほうが好みだということを素直に伝えた。

「そうじゃないと、せっかくバンドをやってる意味がなくなっちゃいますから。ギターの知念は島の後輩なんだけど、向こうではいっしょにやったことはなかったんです。でも、僕のやりたい音楽をすごくわかってくれて、それをギターで表現してくれるんです。ライブではお客さんの反応を見ながら次はなにを唄おうとか、なにをしゃべろうとかいう具合で、事前にきっちり曲順を決めて、ここでMCを入れるなんていうことはまるで決めてないんです。行き当たりばったりだからメンバーとも息があってないとまずいんで、いまは5人でやってますけど、これくらいがちょうどいいのかな。

僕以外はけっこうみんな売れっ子で、普段は宇多田ヒカルとか松田聖子のバックをやってるんだけど、ｔｈｉｓ ｉｃがいちばん自分のやりたいことをやりたいようにできるっていうのがあるせいか、すごくリラックスして普段はできないようないろんなことをやってくれるんですよ。だからここでいろいろ試して身につけて、それを持ち帰って仕事にも活かしてくれれば僕もうれしいし。なんていうのかな、唄っている僕も、バンドのメンバーも、聴きに来てくれた人も、全員が気持ちよくなれるような、そういう音楽を目指してるって言うのかな。

いまはライブやると結構来てくれる人も増えて、なかには毎回来てくれる人もいますけど、そういうのって全員ｔｈｉｓ ｉｃを始めてから付いてくれたファンなんです。正直言って伊良皆誠のファンなんていなかったから。実はソロのとき、東京でいちどもライブやらせてもらえなかったんです。誰かのゲストに出て1、2曲唄うっていうのはあったけど、ワンマンライブはいちどもなかったんです。だからね、とりあえずの今の目標は、こないだライブをやった「ＯＮ ＡＩＲ」を駆けのぼることかな。「ＯＮ ＡＩＲ」は、集客能力の順にＮＥＳＴ・ＷＥＳＴ・ＥＡＳ

Tって三つあるんですけど、こんどNESTでｔｈｉｓ　ｉｃ初のワンマンライブをやるんです。そこから登りつめて、いつかはEASTで単独ライブをやるのが夢ですね」

じつは石垣島にスタジオを造りたくて、土地を手に入れたんです

いつかは島に帰って、島の空気や時間を感じながら音楽を続けていきたい。7年前のインタビューで伊良皆誠はたしかこんなことを言っていたはずだ。だが7年という時間は短くない。考え方を変えるのに充分な時間だ。島に帰って音楽をやりたいという目標は消え、東京で音楽を続けていく気になったのだろうか。いちどは掴んでみたものの、掴んだものは想像していたものとはまるで違うものだった。そして今度はｔｈｉｓ　ｉｃという形で自分たちの目指したものを掴みとる。そのためには八重山に戻るという夢はとりあえず白紙に戻し、東京で活動を続けるほうがチャンスも多い。そんなことをぼんやりと考えていると、ホールの仕事を片づけた彼が戻り、そういえばと自分で企画したｔｈｉｓ　ｉｃとファンがいっしょに八重山に出かけたツアーライブのはなしを始めた。

「なにからなにまで自分でやらなくちゃいけなかったからすごく大変だったけど、やってよかったなーっていう達成感はありましたよ。とにかく八重山っていうところの良さを知ってもらいたくって企画したんですけどね。チケットの手配とか宿の予約もして、ツアーでは添乗員さんやりながら経理もして、ガイドさんしながら夜はコットンクラブでライブして。もうメチャメチャハー

ドだったけど、参加してくれた人もみんなよろこんでもらえたし、楽しかったですよ。

ライブには東京からのツアーだけじゃなくて、島の人もいっぱい来てくれて、そんな交流もよかったですよ。いつものライブのときみたいになにを唄うかなにも決めないでステージにあがったら、おばあも結構いて、あちゃー何を唄ったらいいんだろうって思ったけど、もう普段どおりやるしかないって開き直って。ライブが終わってからおばあが『良かったよー、わたしが死ぬ前にもういちど来てね』なんて言われちゃって、うれしかったですね。やっぱり島はいいですよね、すごく元気をもらえるし。

じつは石垣島にスタジオを造りたくて、土地を手に入れたんです。かなり広いですよ。でも、土地を買ったらすっからかんになっちゃって、建物は建ってないんだけど。僕の構想では、そこは僕だけが使うんじゃなくて、いろんなミュージシャンに使ってもらいたいんですよ、プロでもアマでもいろんな人に。だってものすごくいいところじゃないですか、石垣島は。それを僕がひとりで独占するのはもったいないですよ。ああいう環境の中で音楽をやれるっていうところは、よそにないから。だからスタジオを建てるために稼がないと。

アルバイトは生活費とバンドの活動資金でほとんど消えちゃうんで、はやくバンドで稼げるようになれるといいんですけどね。でも稼ぐためにヘンなことはしたくないですし。どこかの事務

所から声を掛けてもらったとしても、ｔｈｉｓ ｉｃとして、いまのスタイルでやっていけるなら考えるけど、それ以外ではもう考えていないですね。音楽的にはバンドでの活動が最優先だと思ってますから」

7年前とくらべて、伊良皆誠の島に対する考え方がかなり柔軟なものに変わっているのを感じた。かつては、八重山はいずれ帰るべき場所、成功した後に戻るべき場所であって、若いうちに島に戻るということはミュージシャンとしての夢が破れたことを意味していた。だからこそ彼はあえて自分のなかにある沖縄的なもの、八重山的なものを外に出さないようにしていたのだろう。そこには沖縄という殻を脱いで、ポップスという音楽だけで勝負したいという気持ちもあったかもしれない。現在の彼のミュージシャンとしての姿は、7年前に彼が思い描いていたものとはかなり違うはずだ。酷な言い方をしてしまえば、いちどは夢破れたといっても間違いではない。でも彼は帰らなかったのだ。

なぜ帰らなかったのか。それは誰に押しつけられたのでもない、本当に自由で、本当に楽しめる、本当の自分をさらけだせる音楽を見つけてしまったからだろう。もうそこではあえて自分と八重山を切り離す必要もない。沖縄にこだわっていながらも、口ではこだわっていないと言っていた頃とは、心のなかにある島と彼との関係も大きく変わっていることだろう。

取材のあと、ぼくは伊良皆誠がいちばん得意とする料理、オムライスをオーダーした。卵はふんわりのやや半熟で、ごはんはサラリと炒めてあってものすごくおいしかったのだけど、サービスだったのだろうか、ものすごいボリュームだった。

宮国優子

ホント、宮古島っていいところだよ〜。絶対出てやるって思ってたんだけどねぇ。

MIYAGUNI Yuko
1995年

宮国優子が言うには、宮古島では高校を卒業すると、相当数の卒業生がアメリカの大学に留学するらしい。その理由は、那覇に行くのも、九州に行くのも、大阪に行くのも、東京に行くのも、宮古島からは遠く離れた「海外」なわけで、それならアメリカだっていっしょというワケだ。本当だろうか。もしかしたらだまされているのかもしれない。

だまされているのかどうかはおいといて、宮国は高校を卒業すると1年間という約束でアメリカに語学留学。いったん帰国後、宮古島に戻ってアルバイトをしたり、東京に出て営業の仕事につくものの、再びアメリカに留学。トータル2年あまりのアメリカ生活に区切りをつけて帰国した彼女はいったん島に戻ったのち、再び島を離れ、東京での生活をスタートさせた。

将来はドラマなどのシナリオライターになりたいという宮国は現在、映像関係のライターとしてナレーション作りからビデオの編集までを手がけ、さらに週2日ほど、名前を言えば誰でも知っている著名シナリオライターのもとで、アシスタントのような仕事もしている。

積極的で行動的で将来のビジョンをしっかりと持った…と言いたいところなのだが、実は彼女、アメリカでも東京でも、ひとり暮らしというものをしたことが一度もないというのだ。しかもその理由が、

「だって、さみしいじゃない」

このギャップがおもしろい。しっかり者なのか、甘えん坊なのか…。24歳の宮国優子は、東京でどんな生活を送っているのだろうか。

「アメリカに行ってたのはトータルで2年ちょっとかな。1年行ってちょっと島に戻って、それからまた行ったから。アメリカの大学って自分の専攻科目をはっきり決めて勉強するっていう意識が強いんですよ。日本だったらなんとなく大学に行って、なんとなく卒業したら全然別の仕事についいちゃうでしょ、そういうのが腑に落ちなかったし、とりあえず英語を身につけておけば将来役に立つんじゃないかと思って留学したんです。

ずっと宮古で育ったんでアメリカに行くまで針葉樹にものすごく憧れてたんですよ。ハイビスカスとかランタナなんて、沖縄じゃドバーッと咲いているじゃない。そういうのじゃなくて可憐

に咲いてる内地の花とか、針葉樹に憧れて。18歳のときにアメリカで初めて針葉樹を見たときは泣けたね、ものすごく感動したもん。

でも植物だけじゃなくって、沖縄の常識とこっちの常識って全然違うと思いません？　初めて水田を見たとき、『あ〜、テレビで見たのといっしょだ〜、すご〜い本当に水に植えてるんだ〜』なんて感動してたら、おまえって常識ないって笑われた。

食べ物の名前とか魚の名前も知らないのが多かったし、野菜の種類も豊富だし。料理も全然違うもんね。沖縄でも那覇に行けばいろいろお店があるじゃない。でも宮古だと、あたしが小学生、中学生、高校生の頃っていうのは、タイレストランとか懐石料理なんていうような店はなくって、だからあんまり料理の名前も知らなかったし。

『こんなものも知らないの？』なんて言われると、顔では笑ってるんだけど、心の中では『悪かったなぁ常識なくって。でもおまえだってなぁ、沖縄来れば常識ないって笑われるべきよ』とか思ったりしてる。

だけど仕事とかしてて感じるのは、沖縄出身っていうことでけっこう得してるんじゃないかっていうこと。名前ひとつとっても内地の人と違うからすぐ覚えてもらえるし。うっとうしいヤツにまで覚えられてしまうのは悲しいけど。それに自分には沖縄っていうちゃんとした原体験があるじゃない。よくわかんないけどそれも強みになってるし。

よく知らない人と会ったとき、なんのはなしをすればいいのかなぁっていうときでも、宮古のはなしをすると30分はもつかな。なんでもない普通のことを喋っても、『へ〜、そうなんだ〜』ってすごく感心してもらえるし。でも歳とってる人は、沖縄に対して偏見があるのかなぁって感じることもあるけど。

前に勤めてた会社の上司に嫌なじじいがいて、そいつが言うの、『沖縄っていうと、原始人の集まりっていう感じがするんだよねぇ僕は』って。オイオイオイ、こんなに人がいっぱいいるところでなにを言うんだよ、やめてくれよ、恥ずかしいじゃんみたいな。

あと、結婚するときになって沖縄の女だからダメとかっていうのはよく聞くよ。若い人にはそういう感覚はないみたいだけれど。

でも東京ってほんとおもしろいよね、いいことも嫌なことも含めて。いろんな人がいて、いろんなことがあって。いまみたいな仕事しててくんだったら、東京ってすごくいいところだと思う。

あたしは物心ついた頃から書く仕事をしたいってずっと思ってた。いまの仕事を選んだのも、なにかを書いていられるからっていうのが大きいよ。

映像のライターって、女だからとか若いからとかって関係ないんですよ。それにまだまだこれからの業界だし。ここでライターになっておけば、なんとかやっていけるんじゃないかと思って。

最初は雑誌とかの編集プロダクションに入ろうと思ったんだけど、そういうところは面接に行くと、最低でも2年とか3年はいて欲しいっていうじゃないですか。でもあたしそんな先のことわからないよな〜、もしかしたら島に帰っちゃうかもしれないし、またアメリカに行っちゃうかもしれないしとか思っちゃって、出来ませんって断っちゃった。

いまにして思えば誰だってそういうものなんだから、ハイハイとか言ってればよかったんだけど、そのときはヘンにまじめだったの。

いまはライターっていうより、ビデオのパッケージのコピーも書けば、演出から構成から編集まで全部。企画の段階から参加して、ああしましょうこうしましょうって。だから忙しくて大変だけどすごく勉強になってる。ムカツクことが多くても、このやろ〜いつかドラマのシナリオ書くときのネタにしてやる〜と思うし。

それからこの1年くらいビデオの仕事とは別に、脚本家の家に行って資料集めを手伝ったり、部屋の掃除をしたりしてるんですよ。その人が直接シナリオの書き方とかを教えてくれるわけじゃないんだけど、仕事をしてる姿とか、本棚に並んでいる本を見たり、あとなにげないことなんだけどいろいろはなしをしてくれるのが、ものすっごく勉強になってる。

でも映像ライターの仕事にしてもアシスタントにしても、勉強としてというか踏み台としてはすごくおもしろいんだけど、あたしこれ一生やるつもりはないよって自分で思ってる。つもりがないっていうより、ずっと続けてる自分が想像できないもん。これで終わってなるものかって。

あたしなにが好きかっていったら、きっと言葉が好きなんだと思うの。アメリカに行って英語を勉強したらますます日本語が好きになった。

例えば本のなかである言葉にぶつかって、よ〜し頑張ろうと思ったり、打ちのめされたりすることあるでしょう。そういう感覚ってほかのメディアにはちょっとないことだと思うの。絵を見て感動するけど、言葉で感じるような感動っていうのとは別なんじゃないかと思う。

そういうふうに、人になにかを感じさせる言葉っていうのを、ストレートに伝えることができるのがドラマなんじゃないかと思う。

ドラマっていうのは出演者がいて言葉をしゃべるんだけど、その言葉っていうのはシナリオ書いた人の言葉なわけじゃないですか。うん、いつかは人を感動させるようなシナリオを書いてみたいんだよね」

ふと帰りたくなる。だけどいろいろ考えると、あー帰れん

夢を実現させるためにどう動くか。宮国の行動には躊躇がない。どんどん積極的に動き始める。たぶんだけど（間違ってたらごめんね）、深く考えるタイプじゃないんだと思う。猪突猛進というか、見る前に跳んでしまうというような。でも嗅覚は多分にいいはず。なにがいまの自分の肥やしになるのか、無意識のうちに嗅ぎ当てているのに違いないのだ。なんだか野生動物みたいだけれど。

そんな宮国にしてみれば、東京はオイシイ街なはず。沖縄よりは、少なくとも宮古島にいるよりは夢を実現させるチャンスが転がっているはずだ。ドラマの普遍性を東京で培って、ストーリーの意外性は宮古島という島で育った経験を活かせたりして。

「なんていうんだろう、宮古島にいた頃は、那覇とか東京のほうばっかり見てたから、宮古島のことは知らなかったんですよ。でも逆に離れてみて好奇心がすごくいま湧いてるんですよ。

宮古にいたときより沖縄関係の本を読むようになったし、沖縄のテレビ番組を見るようになったし、沖縄の地理も知りたくなったし、歴史も知りたくなったっていうのがある。

沖縄というところで、宮古島っていうところで生まれ育って、ナイチャーとは違った体験をしているあたしがなにかものを作ろうとしたら、ちょっと視点が違うんじゃないかと思うのね。そ

れが結構ねぇ、オイシイんじゃないかと思う。だいたい発想が違うもん。あ、自分ではもちろん普通にやってるつもりなんだよ。

いまって自分の将来がはっきり見えてないでしょ。だからときどきちょっと不安になっちゃう。この先、宮古に帰るのかどうかも全然わからないし。

っていうより、帰るんなら沖縄の大学に入りなおしたいなぁとも思ってるの。その思いがすごい強かったときがあって、どうしようかと思ったんだけど、まだあたしは世の中を勉強しなくちゃ、なんてちょっとだけ殊勝に思って。

でも帰りたいかな。ふと帰りたくなる。だけどいろいろ考えると、あ〜帰れん〜。帰ってさっさと結婚してなんて思うけど、おいおいいったいどこのどいつが結婚してくれるっていうんだって。だけど正直にいうと、いま帰ると後悔すると思うんですよ。だからせめて後悔しないようになるまで、自分でちゃんと納得するまではこっちにいようと思ってるんです。

でも実際のところ、自分の肌に合うなって感じるのは東京じゃなくて沖縄なんですよね。だからいつかは帰ると思ってるけど。おばあになったらぜったい宮古に住んでると思うのね。生きているっていうことを実感しながら生活するには、すごくいいところだもん。小さいからいいんだよね。手のひら

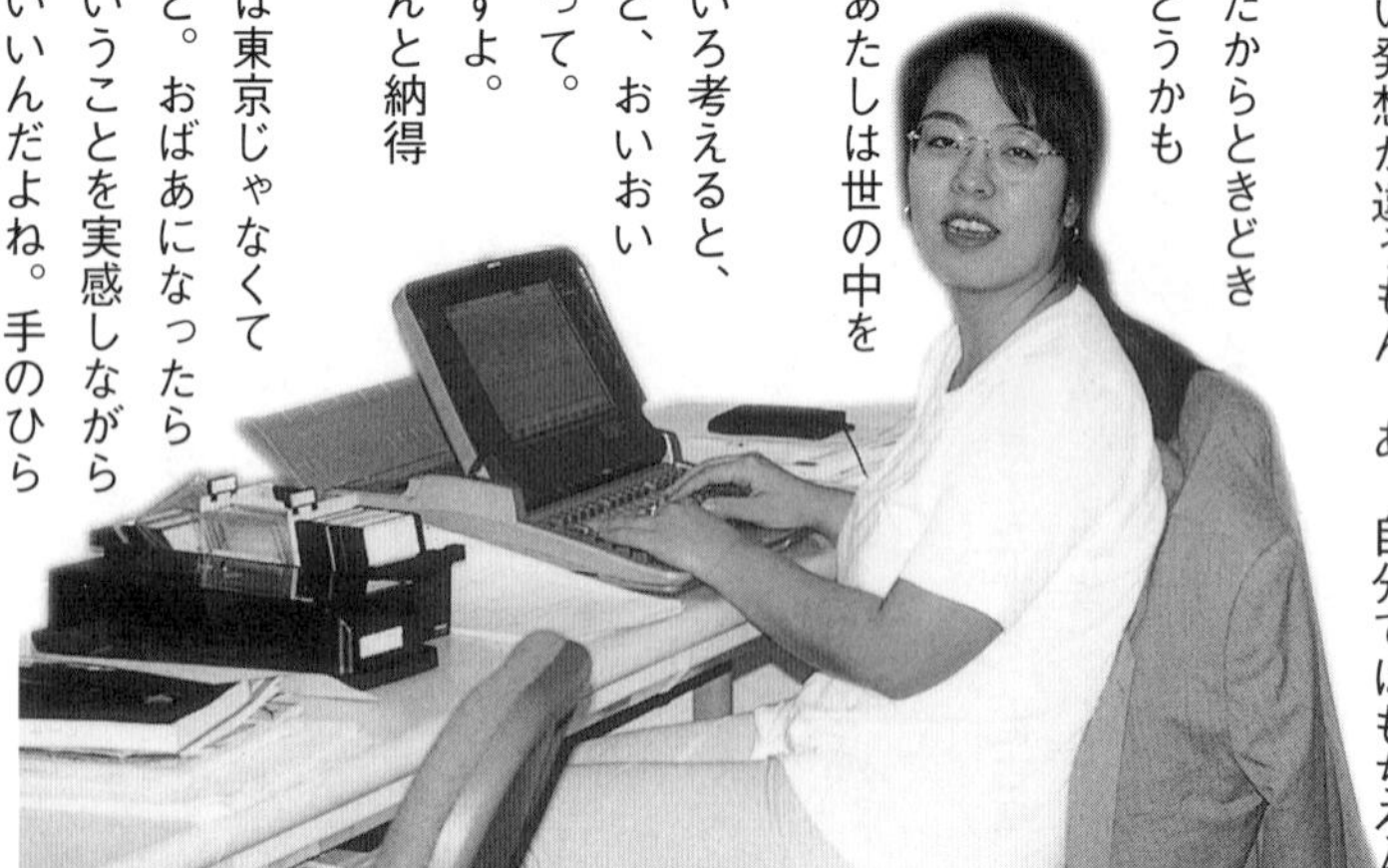

宮国優子

サイズの実感。
ホント、宮古島っていいところだよ～。なんで昔はあんなに毛嫌いしてたんだろうって自分で不思議。こんな島なんて絶対出てやるって思ってたんだけどね。いまはすごく宮古島の生まれで良かったって本当に思ってる」

宮国は居酒屋に置いてあった沖縄の写真集を、1ページ1ページ感心しながら見入っていた。「は～っ」とか「ふ～ん」なんて声まで出してる。別段変わったものではなく、風景写真やら花の写真、海の写真といった、旅行者向けのものだ。最後のページまで丁寧に見終えてひとこと、
「やっぱり沖縄は亜熱帯なんだよね、不思議な気がするわ。見ているだけで目が痛くなるような花の色とか、空とか海とか、そういうのって内地にないもんね。やっぱり沖縄は異国だね」

宮国優子という人間を育んだ宮古島という空間は、なにもかもが東京とは異質だった。東京と宮古島の距離、約1800km。確かに遠い。確かに遠いが飛行機に乗ってしまえばわずか3時間ほどにすぎない。だが、宮国にとって宮古島はその距離以上に遠い存在なんじゃないだろうか。
東京で暮らす年月が長引くほどに、東京の生活に馴染めば馴染むほどに、島は遠くなっていくのだろう。それでも宮国優子がなにかを表現しようとするとき、彼女のなかの島はその存在感を示してくれるに違いない。

Ⓣ

MIYAGUNI Yuko

2001年

友達に助けられたな、ほんとうに。助けてくれたのは、みんな沖縄の友達。

宮国優子と出会ったのは1995年。知り合いのカメラマンの紹介だったと思う。沖縄をテーマに写真を撮り続けている彼から連絡があり、酒に呼ばれ、その席で顔を合わせたのが最初だったはずだ。大柄で頑丈そうで、見るからに健康そう。初対面の印象はそんなところだったと思う。ところが親しくつき合ってみると、結構泣き虫で、強がりで、わがままで。人は見かけによらない。

2001年春、5年ぶりに会った宮国はやはり健康そうで、相変わらず忙しくしているものだとばかり思っていた。だから彼女が重い病気に罹っているということを告げられても、なんだかにわかには信じられなかった。

「血液は骨髄で作られるでしょ。骨髄で血液が作れなくなると白血病。あたしの場合は骨髄ではちゃんと作られているんだけど、骨髄から新しい血液が出てくるときに自分の体の中の免疫が血小板を攻撃して、だから血小板がどんどん減ってしまう。自己免疫疾患。健康な人だと血小板の数が20～25万くらいなのに対して、わたしの場合は最低で1万しかない。血小板ていうのは、出血したときに血を固めて出血を防ぐ働きがあるんだけど、わたしの場合はそれがないから、もし事故かなんかで出血したら、もうおしまい。原因不明で治療法も解明されてないから難病指定にもなってて、毎月杉並区からお小遣いも出てるんですよ。安いけどね。

いろいろ研究はしてるんだろうけど、いまんところ特効薬もないから対処療法でステロイドを投与してみたり。定期的に病院に行って、薬も飲んでるし。いろいろ試したけどどれも効果ないね。激しいスポーツとかはもうできない。スポーツできないし、旅行行くのにはお医者さんの許可が必要だし。だから宮古に帰るのにも許可がいるし、定期検診で血小板の数値が低ければ即入院。何万人にひとりだったか、何十万人にひとりだったか、とにかく宝くじに当選するより低い確率の病気であることは確か。

病気がわかったきっかけは、風邪をひいて深夜の救急外来にかかったときに、血小板の数値が異常に低いっていうことが判明して、その場で何度か検査してそのまま入院。会社勤めとかしてれば年に1度健康診断みたいのがあるけど、そういうのをしてるわけじゃないから気づかないいんですよね。

ずっと入退院を繰り返していたんだけど、去年の終わり頃からはちょっと落ち着いていて、細々とだけど仕事もできているから、精神的にはだいぶ楽かな。仕事はフリーで宮古の新聞とかに原稿を書いたり、ビデオのパッケージを書いたり、ナレーションを直したりなんか。現場にはみんなに迷惑がかかるから出ないことにしてるし。なんかやりたいことはいっぱいあるのに体力的にできないからすごくじれったいですね。ちょっと頑張るとすぐ寝込んじゃうから」

病気っていうのはほんとうに理不尽だと思う。なにか自分で決定的な原因を作っているならまだしも、なにも思い当たる節がないのに取りつかれるのには納得がいかない。シナリオライターになるため、ビデオの製作会社で働くいっぽう、著名な脚本家のもとで弟子入りではないが、アシスタントのような仕事をして忙しそうだった姿を知っているだけにその思いはなおさらだ。

宮国が罹ってしまった病は、特発性血小板減少性紫斑病（ＩＴＰ）。発症の多くは5歳未満の子供で、そのほとんどが6ヶ月以内に自然治癒する「急性型」。逆に彼女のように成人してから発症すると、完治の難しい「慢性型」になってしまうことが多いという。

原因として考えられているのは自己免疫疾患で、本来なら体内に進入した有害な物質を攻撃するはずの免疫システムが過剰に反応し、正常な血小板まで攻撃・破壊してしまうため血小板の数が減少してしまうのではないかと推定されている。しかしなぜそういうことが起きてしまうのか、という点になると現代医学ではいまだ解明されていないのが現状だ。

決定的な治療法がないのも事実だが、副腎皮質ステロイドの投与で約20％、脾臓を取り除いてしまう手術で60～70％が治癒するとも言われている。だが最近の調査では、脾臓を取り除いてもかなりの確率で再発する可能性が高いことも指摘されている。実際に宮国も副腎皮質ステロイドを服用しているのだが、かなり副作用の強い薬で、その副作用は投与が長期に及ぶほど出やすくなるという。

「これまで病気らしい病気なんてしたことがなかったからすんごい悩みました。病院で診察受けるのでさえ慣れてないのに、保健所に難病の登録をしにいかなくちゃいけなくて。そのときはすごいストレスもたまっていて、保健婦さんとはなしをしてるうちに泣いてしまって。でもそのときに保健婦さんに言われたのが、あなたは病院から出られたからまだいいほうで、出られない人もいるんだから、あとは心構えの問題ですよって。

この病気って人によって症状は違うんだけど、見た目がどうこうっていうのじゃないんだよね。だから端から見ると怠けてるように見られるのがすごくつらい。あたしなんて外見は健康そうだから。電車なんか乗ってても、本当はすごくつらくて席ゆずって欲しいと思っても、絶対ゆずってもらえないもん。いま、あたしは病気のほうが安定してて良い状況なってて一時期よりは薬の量も減ってるんだけど、それでも薬の副作用がつらい。

マジでこれ鬱病じゃないっていうくらい精神的に不安定。もともと精神的に強い方だとは思ってなかったけど、非常に弱いと言うことが自分でもよくわかりました。それにあと太るし、ムーンフェイスっていって、目があんまり開かないくらいむくんじゃったり。あとあれだ、夏服が着れない。血小板がないからちょっとぶつけるだけで痣になって、体中痣だらけなのね。虐待受けた人みたいに、マジで。もともと色が黒いから目立たないほうだとは思うんだけど。

でも病気よりもなによりもつらいのは入院。これまで3回入院したんだけど、何ヶ月も入院させられて、しかも病室からも出ちゃいけない、階段を使っちゃいけない、風呂に入っちゃいけない、そんな言われるとさ、もう気が狂いそうで。先生とも相談して、あたしは入院してると窓から飛び降りそうなんでもう入院は勘弁してくださいっていうことで、血小板の数値が下がっても入院はしない方向で治療してるんですけどね」

病気するまでは全力疾走してたのが、いまは眺めてる感じ

ひとり暮らしを始めた頃、風邪をひいてほんの数日寝込むだけでも心細かったことを覚えている。健康なときには親なんて小言を言うばかりのうるさい存在だったのに、風邪で弱っているときには、にわかに家に帰りたくなるのだ。また、足の骨を折って歩けなくなったときには友達がやってきて、ベッドから動かなくても生活できるようにと部屋中を模様替えしてくれたり、食事を作ってきてくれたり、退屈だろうからとゲームを持ってきてくれたり、そういえば宮国もハイビスカスの鉢植えを持ってお見舞いに来てくれた。

食事を作ってくれるとかそういう具体的なことばかりでなく、誰かがそばにいるという安心感が欲しいのだ。医者の診察や処方された薬も大事だが、それよりも精神的な安らぎを求めることはごく自然なことに違いない。

宮古島に帰ることもままならなかった宮国の孤独感は、どれほどのものだったのかは想像すらつかないが、そんな彼女を支えたのは沖縄の友達たちだった。

「比較的元気になったから言えるんだけど、入院してるときは人をうらやましいと思う誘惑に勝てなかった。人が順風満帆に見えるわけじゃない。友達がお見舞いに来てくれても妬むわけ。あたしはベッドから動けないのに元気に歩いたりしてって。ひどいよね、わざわざお見舞いに来てくれてるんだよ、それなのに妬むのよ。もうもうもうもうすっごい自己嫌悪、いまでも思い出したら泣きそう。

面会時間が決まってるから仕事が終わって駆けつけてくれる友達もいるんだけど、走ってきたから頬が紅潮してるのよ。そういうのを見てもすっごい生命力がうらやましかったり、花とか持ってきてくれても花のきれいさに嫉妬したり。もういかんいかんと思ってもどうにもならなくて。だからね、あきらめることを覚えた。人よりちょっと早く余生を送っている気分。頑張らなくてすむから楽なんだけどね。

友達とかいなくて、ひとりで病気してたらどうなってたんだろうと思う。代わる代わる面倒を見に来てくれたからさ。あたしはなんもやってあげてないんだよね、これがまた。でもみんなあきれてたよ、最期は。ヒステリー起こすからさ。友達に助けられたな、ほんとうに。それがさ、助けてくれたのはみんな沖縄の友達。

宮古にいたときは遊んだこともなかったり、那覇の子だったり、中学の同級生で那覇に引っ越して、それでまた東京で再会した友達とか。格別仲が良かった人ばかりじゃないのにみんな助けてくれた。夜中に苦しいと言えば来てくれるし、引っ越したときにはひとりにするのは不安だからって、同じ建物の別の階に引っ越してきてくれたりとかして。病院では病気は治療してくれても心のケアがまったくないわけよ、でも友達なんかはあたしの体の病気は治せなくても、心をすごく癒してもらった。ほんとうに感謝してます。

こんな感じだからこの何年間かなんにもはなしが進展しないんですよね。体が許す範囲内でしかなにごともできないから。あんまり仕事に集中しないようにしてる。もともと目標とかあるとカーッとなっちゃって寝ないでやっちゃうタイプだから、自分でブレーキかけて。逆に言うと、やれることだけにフォーカスできるからいいかもしれない。たくさんの人にあってたくさんのことを学ぶっていうのも大事だけど、それは体力的に無理だし、いまは毎日の生活から学ぶことの方が多いかな。そこそこそれも面白いなあと思って。

病気するまでは全力疾走してたのが、いまは歩いてる感じ。歩くでもないか、眺めてる感じ。心は500メートルくらい先を走ってるのに、体がついていかないんだよね。いまはちょっと体調がいいから20メートルくらい近づいたかな」

北海道でカメラマンをしている知り合いがいる。ぼくよりだいぶ年長の方なのだが、彼はあるとき過労から原因不明の大病を患ってしまった。腸機能が停止し肝臓は壊死状態で生きているのが不思議なほど。医者からは余命3ヶ月とさじを投げられてしまう。

そのときに彼がすがったのは、知り合いのアイヌのおばあさんだった。アイヌの間で伝えられてきた薬草や食事療法の知識に優れたおばあさんだったが、薬草や食事での治療とは別に、毎日の出前に起きて森のなかを歩きまわることを義務づけられたという。それは自然界のリズムに体を溶け込ませるという意味があったのではないかと彼は解釈している。

人間だって自然界に生きる動物だったはずなのに、あまりにも自然から遠ざかってしまったゆえ、本来持っているはずの自然治癒力は衰え、体にも様々な不具合が現れているんじゃないかというわけだ。結局彼は余命3ヶ月どころか1年後にはなんとか仕事に復帰できるまでに快復してしまい、いまでもカメラマンとして活躍している。

現代医療じゃなくてもいいから、なんとか宮国の病気を回復させる術はないのだろうか。

「宮古に帰ると血小板の数値が上がるんだよね。でも、なにかあったときに宮古には専門医がいないから島に戻って生活するのは無理なんですよ。ここ2、3年は調子がいいから、お医者さんに許可もらって毎年2ヶ月ぐらい帰ってるんだけど。宮古にいたら体は楽なんだけどね。要するにストレスがいちばん良くないってことなんじゃないかな。

インターネットでアメリカとかヨーロッパのホームページとかも調べてビタミンCがいいってあれば試してみたし。ITP（特発性血小板減少紫斑病）のメーリングリストにも入っているんだけど、みんなすごいわけよ、いろいろ試してて。世の中に健康食品とか民間療法っていっぱいあるんだなあと思って。そういうのを試してるうちに、なんとなく元気になるような気がする。気持ちの持ちようかもしれない。病気がやだとかより、入院したくない。だから入院しないためならなんだってやるっていう気持ちだから。ずっとそう思ってたら治るんじゃないかね」

小康状態を保っている宮国は、無理はきかないながらも、それでも割と元気に着実に仕事をこなしている。でも、頑張れという言い方はしたくない。長期戦を見込んで、病気とはなしあって、折れるところは素直に折れて、譲れないところだけは戦って。そういうふうにして折り合いをつけながら病気とつき合っていくしかないのかな？　でも、「この病気の体験だっていつかシナリオ書くときのネタにしてやるー」っていう気力は持っていて欲しいと思う。別に売れっ子の脚本家になれなくたっていいじゃない。だけど、いつになるのかは知らないけど、宮国優子が脚本したドラマを楽しみに待っていたい。Ⓣ

第 Ⅲ 章

心のどこかで「負けるものか」って思ってました。

鈴木洋子

いろいろな意味で沖縄に支えられてきた気がするんです。

SUZUKI Yoko
1997年

沖縄の高校を卒業後、東京の会社に就職して7年になる知り合いが沖縄に帰っていった。彼は以前から、酒を飲むと口癖のように「あ～、帰りたい」とこぼしていた。でも、酒以外の場ではそんな素振りはなかったし、仕事も順調で、東京で知り合った友達もいるし、まぁ、ただのぼやきだろうぐらいにしか思っていなかった。ところが突然、彼の送別会があるという連絡が入った。「え～っ、本当に？」。ちょっと驚きながら都内の居酒屋で開かれた送別会に出かけた。

なんで帰りたいのかという問いに、いつもは「生まれたところだから」ぐらいしか答えてくれない彼が、その日はちょっとだけ饒舌だった。

「やっぱり生まれたところだから…。それにそろそろ結婚したいし。島の同級生はほとんど結婚してて、もう子供もいるのによ。親も帰ってきて結婚しろって言うし。最初は1年ていう約束だったのにもう7年でしょ。もう東京は飽きた、疲れるし…」

「結婚なら東京でもできるじゃない」

「こっちの人と結婚したら、帰れないじゃない。それだったら戻って島の人と結婚したほうがいいでしょ」

彼のはなしを聞きながら、ぼくはひょんなことから知り合った女性を思い出した。31才になる彼女は、糸満の出身。短大卒業まで沖縄で過ごした後、就職で東京に。仕事場で知り合った御主人と昨年結婚して、出産。現在は育児休業中で子育てに専念している。彼女も結婚について、沖縄について、やっぱり葛藤があったんだろうか？ 連絡をとり、彼女からはなしを聞かせてもらえるという返事を受けて、引越したばかりの新居にうかがうことにした。

住宅やビルが密集して開発の余地がなくなった東京は次々と海を埋め立て、臨海副都心、ベイエリアといった具合に、海だったはずの場所に巨大なビルを建設している。

鈴木洋子の新居は江東区東雲《しののめ》。東京湾から近いこの地に、ニョッキリと建つ36階建てのマンションの21階だ。窓からはレインボー・ブリッジやお台場公園、首都高速湾岸線などを一望のもとに見渡すことができる。

「東京に来て、もう11年になるのかな。短大を卒業して、沖縄の会社に就職したんです。東京にも関連会社があって、転勤で東京に来たんですよ。就職するときに大学の掲示板を見てたら、東京で2年間の研修があるって書いてあって。ちょっとそれに惹かれたっていうのもあるんですけどね。東京に行って遊んで帰ってくるなら、2年間ぐらいはちょうどいいかなぁと思って。ちょっと不純な動機が少しだけあったかななんて。一生東京にいるのは悲しいかもしれないっていう不安もあったし、ちょっと長い旅行気分かなぁ、ハハハハ。でも2年目ってちょうど楽しくなる時期じゃないですか。3年目ぐらいかな、沖縄に転勤するはなしがあったんですけど、仕事も遊びも楽しい時期で断っちゃって、それでずっと東京にいたんです」

彼女が初めて東京を訪れたのは短大生のとき。それ以前は沖縄から出たいとも、東京に対する興味もなく、自分はずっと沖縄にいるのだと漠然と思っていたそうだ。ところが1週間ほどの滞在で、ディズニーランドや遊園地などで遊びまわった彼女は、「東京も悪くないな、もういちど来てみたいな」と思うようになったのだという。

「28才の頃だったかな、帰ろうかなと思った時期があるんですよ。同級生はみんな結婚しちゃうじゃないですか。つきあってる人はいたんですけど、結婚するなら沖縄がいいなと思って。結婚する相手は沖縄の人じゃなくてもいいんだけど、沖縄で生活したいなと。ところがこっちで結婚しちゃったんですね〜。え〜とねぇ、26、27才ぐらいまでは、両親も帰ってきなさい、帰ってきてこっちで結婚しなさいって言ってたんですけど、私自身はもしかしたら東京で結婚しちゃうかもしれないなと思ってたんですよ。帰りたいっていう気持ちはあるんだけど、情を切ってまでなかなか帰れないじゃないですか。でも、その頃はこっちの人と結婚したいなんて言ったら、絶対親に反対されると思ってたんですよ、沖縄の人と結婚しなさいって。それで作戦をたてたんですねぇ。今言って反対されるんだったら、ちょっと時間をおいてみようと。30才ぐらいになるまで結婚しなければ、親も心配して、沖縄の人じゃなくてもとにかく結婚してくれればいいと思うんじゃないかななんて、へへへへ。

いま東京に住んでて仕事も楽しくて…。でも、もっと年とったら沖縄がいいな。だけど結婚しちゃったから、老後に沖縄で暮らせたらいいなと思ってます。それでいま彼をしつけてる最中なんですけどね、ハハハハハ。いかに沖縄がいいところか、いかに暮らしやすいかとか。実は彼は沖縄が大好きなんですよ。会社の仕事でよく沖縄にも出張するし、結婚式に呼ばれて沖縄に行ったりしてるし。ダイビングが好きで潜ったりもしてるんですね。だから可能性はあるかな？　沖縄で暮らそうよっていうと、『行くか！　行ってペンションでもやるか！』なんていう感じで。マジメには考えてないんでしょうけど、それでも受け答えしてくれるから、ちゃんと仕込めば大丈夫かもしれないと。

彼はゴーヤーチャンプルーとか、沖縄の食べ物も好きなんですよ。だから『わしたショップ』が出来たときはうれしかったですねぇ。沖縄そばとか、ゴーヤーとかよく買いに行きますよ。全体的にちょっと高いかなっていう気はするけど。そばは乾麺はダメよ、あれは沖縄そばとは思えない。生麺は結構イケますよ。スープはレトルトパックになってるのは、本物と味が似てるんですよ。ただそれは少し高いからひとつだけ買って、あとは自分でダシを取って量を増やして食べてるんですけどね。でも最近は、そこらへんのスーパーでも時期になるとゴーヤー置いてるんですね、おととい買ったら180円でした」

東京で暮らすようになったころ、よく遊びに出かけたのは遊園地で、なかでもディズニーランドやとしまえんには何度も通ったそうだ。そして東京での2年目の冬、彼女はスキーにハマッた。1シーズンに7回ほど、というからほとんど毎週末にはスキーに出かけていたことになる。東京に来た最初の冬は「お正月に沖縄へ帰るのが楽しみ」だったはずが、2年目には「スキーが楽しみ」に変っていた。それからの数年は、借金をしてまで冬になるとスキーに出かけていたというほど。テレビの下のラックには、スキーのビデオが何本か並べられていた。

将来は、私たちが沖縄に住んで、子供が遊びに来るのが、理想ですね

「ここでの生活も、楽しいですよ。ただ、沖縄にいたころは近所の人がみんな知り合いじゃないですか。ぜんぜんわたしの知らないおばちゃんなんかでも声かけてくれたり、親戚とかじゃなくても気にかけてくれるし、困ったことがあると手伝ってくれて。そういうのをずっと経験して育ってきたのに、東京にはそういうのがないでしょう。そこらへんがちょっとさみしいですね。

短大にいた頃までは、ダイビングがはやってなかったっていうのもあるんだけど、沖縄の海にそれほど興味がなかったんですよ、カナヅチだったし。でもいまは、水中写真を撮るのが楽しみで。水中写真って言っても、専門的なのじゃなくて、使い捨てカメラをパッケージするのがあって、3メートルぐらいまで大丈夫なやつで。いろんな魚を撮って、あとで図鑑を調べて、これは

どこどこで見たって図鑑に書き込みしてるんです。

そういえば東京に来たとき、カナヅチだって言ったらすごく驚かれましたよ。だって沖縄でしょ？　まわりがぜんぶ海なのになんで泳げないの？　って。でね、なんでなのか自分でいろいろと分析してみたんですよ、ハハハハ、なんておおげさな。いまはどうかわからないけど、わたしがいた頃は小学校、中学校、高校、大学とプールがずっとなかったんですよ。だから授業でも習ったことないし、男の子なんかは海に潜って魚採ってたなんて弟が話してたから自然と覚えたんでしょうけど、女の子は泳げない人けっこういましたよ。でも変なはなしで、小学校のときは水泳大会っていうのがあって、全校生が海に行って遊ぶんですよ。泳げる人は泳ぐんですよ。泳げない人は海のなかで鬼ごっこしたり、ビーチボールで遊んだりとか。なんであれが水泳大会だったんでしょうねぇ？」

沖縄にいた頃にはごくごく当り前だと感じていたことが、東京では微妙に違うことに気がつく。海のきれいさに気づいて、人間関係の濃厚さに気づいて…。きっと例をあげたらいくつもいくつも出てくるに違いない。生まれてから20年を過ごした沖縄は、目に見える形や見えない形で、さまざまな影響を彼女に与えているようだ。

「わたしね、自分は沖縄の人なんだけど、『沖縄人』ていう言い方、好きじゃないんですよ。こっちで結婚したけど、う～ん、わたしはやっぱり『沖縄人』なんだろうなぁ、あれ？　ハハハハ。う～ん、わたしにとって沖縄ってなんだろう？　節目節目で、いつも帰れるかな、帰らなくちゃいけないってチャンスをうかがってるような気がするんですよね。やっぱり帰りたいっていうのがあって、自分の転機がくると、『ちょっと待てよ』っていう考えのなかに沖縄が必ず入ってるんですよ。それはもうきっと一生変らないんだろうなぁと思うんですね。就職するときもそうだし、東京に来るときもそうだし。あっ、そう言えば、スキーの板と靴を買うときも考えました。そうそう、道具を揃えるのに10万円ぐらいかかったんですよ。でも待てよこの10万円があれば沖縄に帰れるぞ、2年で帰るかもしれないのにこんなにお金使っちゃっていいのかぁなんて。結婚するときもね、『ちょっと待てよ、この人と沖縄とどっちがいい?』なんて自問自答するんですよ。人と沖縄比べたりなんかして、ハハハハ。やっぱり沖縄は捨てられないからこの人と別れて帰ろうかとか、帰ったほうがいいのかなぁって思ったり。結婚してからは、じゃあ老後に帰ればいいかって。だからなんか、いろんな意味で沖縄を支えに進んできてるみたいで。

若いうちは沖縄じゃなくてもいいんですよ。楽しいところでエンジョイすればいいし。仕事はやっぱり東京のほうがいいと思うし。でも、生活っていうのを考えると沖縄がいいなと思うから。結婚して住むところとか、老後落ち着くところなら沖縄ですね」

「新聞とか雑誌を見てて、『沖縄』っていう文字があると、けっこう気になりますよ。ちょっと前のはなしだけど、代理署名拒否の記事を沖縄から送ってもらったんですよ。太田知事が新聞の一面全部ぐらい使って説明していたものを。それを読んだときは泣きましたよ。なんか沖縄のいいところとか、なぜ拒否するのかをこれまでの歴史を踏まえながら、すごくわかりやすく書いてあって、ほんとうに泣きましたよ。

その記事は彼にも渡したんですよ、読んでって。そうしたら彼も自分でコピーを持ってましたけど。でも、そうやって沖縄から送ってもらったりしないと、あとは全国版に載るような大きな記事しか入ってこないじゃないですか。細かい部分まで、もっと知りたいと思うんですけどね。

もうすぐね、ゴールデンウィークに子供を連れて沖縄に帰るんですよ。この子、沖縄はじめてだから、わたしの両親も会いたいだろうし。

なんか沖縄ってリゾート地で若い人が行きたがるじゃないですか。子供が成人した頃には沖縄に帰って、いつでも子供が遊びに来れるようにできたらいいなぁと思うんですよねぇ。東京で生まれて東京で育つと、ふるさとがないじゃないですか。リゾート＋ふるさと沖縄っていう環境を実現してあげられればいいんだけどなぁ。私たちは沖縄に住んで、子供が遊びに来る、理想ですねぇ」

鈴木の長女は、今年の1月に誕生したばかり。「美南海」と書いて、みなみちゃん。美しい南の海のイメージは、きっと沖縄の海にちがいない。美南海ちゃんが成人したとき、鈴木さん夫婦ははたしてどこに住んでいるのだろう?

鈴木のはなしを聞いていて、印象的だったひと言がある。

「いろんな意味で沖縄を支えに進んできているみたいで」

う〜ん、なんだか改めて沖縄の懐の深さを感じたような気がする。それは彼女が生まれた島だとか、自我形成の時期に育った環境が沖縄だったからとか、そう言葉で表現できないもっともっと根本的な部分で、切っても切れない太いロープでがっちりと沖縄と繋がっているような。

だからもし彼女がこの先、ずっと沖縄以外の場所で暮らしていくことになったとしても、念願かなって沖縄で暮らすようになったとしても、幸か不幸かわからないけど、やっぱり彼女はいつまでたってもどこまでいっても沖縄人（この言い方、彼女は嫌いみたいだけど）なのに違いない。Ⓣ

SUZUKI Yoko
2001年

忘れかけてた「ユイ」の心を子供達には伝えたい。

ぼくが東京を離れて千葉県の銚子市に暮らすようになってもうだいぶたつ。仕事の面でいえば、取材に出る以外は、基本的には部屋にこもって原稿を書いているわけだから、東京にいる頃と大差ない生活を送っている。ただ、予想もしていなかった不便がふたつ。それは図書館と書店。ちょっとした資料が必要で市立の図書館に出かけても、悲しいくらいに蔵書がない。どうしても必要な場合はクルマを飛ばし、お隣の茨城県の図書館まで行くことになる。それでもない場合はさらに遠くの県立図書館まで行かなくてはならない。

また、書店の数も少ない。比較的大きめの書店でもメインは雑誌で、書籍の場合は新刊と話題作が置いてある程度。探している本はまず見つからない。そこでインターネットを利用して本を購入することになるのだが、どんなに早くても注文してから手元に届くまで、なか2日は空いてしまう。東京にいた頃は当たり前だと思っていたことが、離れて暮らすようになってはじめてその利便性に気づかされた。そういう意味では確実に、東京はさすがなんだと思う。

1997年、江東区の東雲に住む鈴木洋子を訪ねたのは、5月のなかば頃だったと思う。沖縄の海をイメージして命名したという長女の美南海（みなみ）ちゃんが生まれて間もなくのことで、彼女は育児休暇を取って子育てに専念していた。そして2001年、再び東雲にある36階建てのマンションを訊ねたのは夏の日。玄関の扉を開けると、大きなやちむんのシーサーと、それから彼女にだっこされた新しい家族が出迎えてくれた。赤ちゃんの名前は美南星（みなせ）ちゃん。沖縄の星空をイメージして命名された。

「沖縄らしい名前にしようと思って。上の子が沖縄の海をイメージした美しい南の海で美南海じゃないですか、この子は美しい南まではいっしょで、最後に星と書いて美南星。結構悩んだんですよ。最初は海関係にしたくって。男の子が産まれたらそれなりに考えていたんですよ。でも海のつく男の子っていっぱいいるしなぁと思ってて。そうしたら生まれてきたのが女の子だったんでさらに悩んで。どうしよう海のつく女の子の名前ってあんまりないなぁと思って、あれこれ考えたんだけど海関係はあきらめて、それで結局星にして美南星に落ち着いたんですよ。

いまはまた育児休暇ですよ。1歳になったら保育園に入れて、また仕事に復帰する予定なんです。こないだも公立保育園の予約に区役所行って来たんですけど、0歳児はどこも入れなくて、どこの保育園でも20人ぐらい空きを待っている状態で、『空いたら事件ですよ』なんて言われましたよ。無認可なら空いてるんだけど、年齢別のクラス分けがなかったりしてちょっと心配ですしね。

沖縄へは年に2回くらい帰ってますよ。冬に帰るのは嫌なんですよ。沖縄はやっぱり夏がいいから。5月のゴールデンウィークと夏休みに。それと去年は妊婦で帰れなかったんですけど、その前は2年続けてNAHAマラソンのときにも帰って。主人が出場してるんですよ。彼はどこで調べてくるのかなかなかの情報通で、NAHAマラソンで完走するともらえるメダルがクリスタルだったけな、今年から違うとかいう情報を仕入れてきて、欲しい欲しいとか言って、それで出場したんですけど、でもまだ完走したことがなくって。1年目は完走したんだけど時間オーバーで、2年目はハーフを走って。

わたしNAHAマラソンを見て、ものすごく感動したんです。街頭にものすごい数の人がいて、手にミカン持ったりバナナ持ったり応援団がすごいんですよ。別に自分の娘とか息子が出場していて応援してるわけじゃなくって、もう本当に花火大会を見に行くような感覚でマラソンを見に来てて。選手が来ると声援を送ってミカンやバナナや飲み物を渡したりとかしてて。それを見たときに、ああ、これが沖縄だって思いましたね。すごいジーンとかきて。

こっちじゃそういう感覚で応援するってないじゃないですか。なんかNAHAマラソンに、忘れていたユイの心を見たような気がして。子供たちには沖縄のそういう心をいちばん伝えたいと思うんですよ。沖縄の自然もすごく好きだけど、それは子供たちが自分の目で見て、体験して感じてくれればいいことだけど、ユイの心は伝えなくちゃいけないと思ってるんです。だから東京に暮らしているぶん、少しでも沖縄を体験させたくて、帰ったときにはいとこ連中と同じように夏休みには早起きさせてラジオ体操に行かせたり、家庭菜園でパパイヤ穫りをさせたり、いろんな沖縄を見せたいと思ってるんです」

子供の頃に体験したいくつかのことがらは、いまでも鮮烈に覚えている。もちろん楽しかったことばかりでなく、怒られたこと、怖かったこと、痛かったことなどいろいろあるが、原体験は脳の奥深くにしっかりと刻み込まれ、どんなに時間が経過してもそう簡単には消えないものなのだろう。だから年に2回、ただの旅行者では味わうことのできない普段着の沖縄を体験している彼女の娘たちも、その記憶はきっと深いところでしっかりと根付いていくに違いない。そして彼女たちが大きく育ったとき、心に刻まれた原体験はどんな形で現れてくるのだろうか?

ちょっとはなしはそれるが、神奈川県横浜市鶴見区に、仲通りという町がある。そこは東京・川崎・横浜にまたがる京浜工業地帯の中心地で、海沿いには巨大な工場群がひしめいている。そして工業地帯の町という顔とは別に、仲通りにはもうひとつの顔がある。通称「リトル・沖縄」と呼ばれるこの地域には、それほど広くない範囲に、沖縄料理の食材を売る店をはじめ、沖縄そば、食堂、居酒屋など十数軒があり、沖縄からの移住者や出稼ぎなどでやってきたウチナーンチュたちが大勢生活している。町を歩くと内地ではまず見かけない沖縄姓の表札が、この町では当たり前のように並んでいる。1998年、ぼくはこの町を何度か訪ね、そこに暮らすウチナーンチュの一世・二世・三世たちからはなしを聞く機会を持った。

二世・三世のなかには沖縄にいちども行ったことがない人も多く、「沖縄のことなど意識したこともない」という声も少なからずあった。一世たちのなかにはそんな彼らを見て、「自分たちがもっと沖縄を伝える努力をするべきだった」と悔やむ人もいる。

ところが食習慣や音楽といった日常的なこととなると、自称「ハマッ子（横浜の人）」の彼ら自身、気づかないうちに身近な存在になっていることが窺えた。なかにはゴーヤーチャンプルーやナーベーラーといった料理は沖縄料理ではなく、日本中どこへ行っても食べられる日本料理だと信じていた中学生もいた。

意識して伝えなければ伝わらないこともあれば、意識しなくてもまわりの環境によってごくごく自然に伝わっていくこともある。言葉にしてみると当たり前のようだが、その現実を目の前にして、感心したり妙に納得したことを覚えている。そして鈴木洋子がふたりの娘に伝えたいと思っているのは、意識して伝えようとしなければ伝わらない「沖縄の心」なのに違いない。

風景は変わってもいいんだけど、ユイマールの心だけは失ってほしくない

形に見えないものを伝えたい。具体的に言えばユイの心をふたりの娘たちに伝えたいという鈴

木の思いは、東京に住んでいるからこそ出てきた思いだろう。沖縄に暮らしていれば当たり前で気づかないことも、東京に出て初めてその大切さを再認識することがある。

東京は人間関係が希薄だと言われる。同じアパートに住みながらも顔も知らないし、顔は知っていても話をしたことがない人がいる、なんていうことも珍しくない。でもこのような人間関係の希薄さは東京に限ったことではなく、都市化が進んだ地域であれば、程度の差こそあれ日本中どこでも共通しているんじゃないだろうか。そしてその傾向は、沖縄も含めて、今後ますます進んでいくだろう。

喜ばしいことなのか、憂うべきことなのか、深刻な不況とはいうものの、それでも世界的に見れば日本はまだまだかなり裕福な国に違いない。ところが、決して裕福とは言えない国に行ってみると、家族をはじめ人間的な繋がりがとても強いことを目の当たりにする。壊れそうな家に三世代の家族が暮らしているなんていうのは当たり前で、そこに余程腹を減らしているように見えたのか、たまたま通りかかって二言三言、言葉を交わしたにすぎないぼくを招き入れ、食事の世話までやいてくれる。「困っているときはお互い様」ということなのだろう。まさしくユイの精神だ。

日本の、とりわけ都市部の人間関係の希薄さは、助け合わなくても生きていくことができるという経済的豊かさと核家族化に起因しているような気がしてならない。足りないところをお互い様で助け合う代わりに、足りないものは経済活動で補っていく。人に頼るのではなく、経済に頼っているというわけだ。だからそんな状況のなか、ふたりの娘たちにユイの心を伝えたいという鈴木の思いは、簡単なことではないだろう。

「わたしが子供の頃の糸満は本当にイナカでなにもなくって、友達と遊ぶっていっても海で遊ぶくらいしかなかったんだけど、いまの子供たちを見てると、ゲームしたりビデオ見たりで、東京の子供といっしょなんですよ。

町並みもガラッと変ってて、大型のビデオレンタルショップだとか牛丼屋とかオモチャ屋さんの大きいのとか、ここはほんとに糸満？ っていう感じで。沖縄にいた頃は、東京の子供は週に4日も5日も塾や習い事に通ってるなんて聞いてたけど、糸満でも甥っ子や姪っ子たちがスイミングに通ってたりピアノを習ったりしてるの見てると、わたしが小さいときそんなのなかったからうらやましくって。わたしは小学生の頃に琉球舞踊を習ってたのと近所でソロバンをやったくらいで。

生活が便利になったのはすごくいいことだと思うんだけど、あちこちで海を埋め立てたり、なんか必要以上に開発してるみたいで気になりますね。だから離島に行くと自分の知ってる沖縄が残っててホッとするっていう。いまでも心の中に帰りたいっていう気持ちはあるし。でもどうなのかな、沖縄移住計画は。もしかしたら歳とったときに帰るかもしれないし、それとも急遽帰ることがあるかもしれないし。仕事があるからねぇ、当分はないかなぁ。

実はこっちで家を買ってしまおうかというはなしもあって。でも買っちゃったら沖縄に帰れなくなりそうだからまだわからないんだけど。いま住んでるところの家賃が高いんですよ。いま月18万。毎月18万も払ってるとなんか焦ってきちゃって。そんなに払わなくちゃいけないんだったら、買うっていうのもひとつの手かなぁと。早く買わないとなんか損してるような気もするし。

沖縄に帰るっていうことを自分の中で考えたときに、漠然と帰りたいっていう気持ちはあるんだけど、いますぐじゃなくてもいいのかなっていう思いもあって。いずれは帰りたいけど東京も楽しいし。どんなに沖縄が便利になってきてるって言っても、仕事にしても遊びにしてもやっぱり東京が中心だし。

テレビの世界がここではすぐそばにあるじゃないですか。こんなお店がオープンしましたとか、こんなイベントをやっていますっていう情報は東京でも沖縄でも得られるけど、でも東京にいるとそこにすぐに行けるっていうのが大きいんですよ。だから先のことはほんとうにわからないんですけど、沖縄を見据えつつ、東京で生活していくんじゃないかと思うんですけどね」

ないものねだりなのかもしれない。東京で生まれ育ったぼくは、東京の楽しさ、便利さ、賑やかさを当たり前のように享受して育った。ところがいつ頃からだったのかは自分でもわからないが、過剰な便利さ、装飾的な楽しさ、静けさのない賑やかさ、そういうものから距離を置きたいと思うようになった。

いっぽう鈴木は、家庭菜園でパパイヤ穫りのできるような、「本当にイナカでなにもなかった」糸満からやってきて、楽しくて、便利で、賑やかな東京に魅入られたわけだ。どっちが正解かなんていう問題じゃない。どちらもないものねだりなのかもしれない。ただひとつ違うのは、ぼくが東京には戻りたくないと思っているのに対して、鈴木洋子はいまでも沖縄が好きで、いつかは帰りたいという気持ちを持ち続けていること。

「わたしが思い出す沖縄は、今現在の沖縄じゃなくて、自分が子供から大人になるまでを過ごした頃の沖縄なんです。風景や町並みも全然変わっちゃってるし。でもそういう風景なんかは変わってもいいんだけど、やっぱりユイマールの心だけは失ってほしくないですね。あとね、自然も残ってほしい。美しい南の海と美しい南の星、この子たちが大きくなったときでも見られるように」

Ⓣ

鈴木洋子

与那覇育子

島から離れていたとしても、やっぱりあたしは宮古の人です。

YONAHA Ikuko
1998年

15年前、大学生だったぼくは、アルバイト求人誌で短い文章を書くバイトをしていた。1本200文字前後で、報酬は300円、ひと月に2万円ぐらいにしかならなかったが、それでも自分の書いた文章が活字になるのは、ちょっとうれしくて不思議な気分だった。

大学を卒業後は、誘われるままにそこの編集部にいついてしまい、結局4年ほどそこで働いたあと、フリーのライターになったわけだが、振り返ってみると我ながらかなりいい加減だ。まぁ、昔っから「ものを書いて生活できたらいいだろうなぁ～」ぐらいには思ってたけど、そのためになにか努力をしたことはないし、雑誌の編集にしても、「面白そうだからちょっとやってみるか」ぐらいの軽い気持ちだった。でもそんな経験のおかげで、今でもものを書く仕事で生活しているわけだから、案外といい加減な性格が幸いしたのかもしれない。

自分でもこのいい加減な性格はどうにかならんもんかな～とは思うのだが、思うばっかりで改善された試しがない。そんなわけだから、意志が強くて、計画性があって、きちんと努力してる人を見ると、男女も年齢も区別なく「いいなぁ～」と尊敬してしまうわけだ。

宮古島出身の与那覇育子は22才。3人姉妹の末っ子だった彼女が東京に来たのは、高校を卒業した18才のとき。すでに東京で生活していた二人の姉とともに、三姉妹そろっての生活がスタートした。

「高校を卒業したら宮古からは、沖縄からは絶対に出ようと決めてました。島が嫌いとか、沖縄が嫌いっていうことじゃなくて、とにかく出てみたいっていう気持ちが強かったんです。そのまま宮古にいたら仕事にしてもすごく限られてきちゃうし、高校を卒業してそのまんま就職っていうよりも、大学に行って、そこの友達を作って、ひととおり遊びも覚えて、それから次のことを考えてみようと。

子供の頃から、働く女性にすごく憧れがあったんです。なんてかっこいいんだろうって。でも、宮古の雰囲気として、女の人は結婚して家庭を守るんだみたいのがあって、でも、それは違うと思ってましたから。あたしはやりたいことはなんでもやらないと気が済まないんです。大学にも行きたかったし、バリバリ仕事もしてみたかったたかったし」

短大を卒業した彼女は昨年6月から、「フロム・エー」というアルバイト求人誌の編集者として働きはじめた。アルバイト求人誌の編集とはいっても、彼女が携わっているのは求人情報ではない。雑誌の巻頭と巻末にある、直接求人とは関係のない読み物のページを主に作っているのだ。

週刊誌を作るのは、決して楽な仕事ではない。朝、編集部に出るのが9時30分。編集会議やら打ち合わせやら取材やら校正やら雑用やら、やっとかたづいたと思えばゆっくり休む間もなく、すぐに次の号の仕事が待ちかまえている。1日の仕事を終えて、家に帰りつくのはたいてい11時過ぎになってしまう。毎日これが続くのだから、ちょっとした興味だけでは長くは続かない仕事だろう。

「いまはそんなことはないですけど、あたしが子供の頃は、テレビのチャンネルを変えても映るのはNHKともうひとつぐらいで、ほかの情報源っていうと雑誌や新聞ぐらいしかなかったんです。だから、雑誌を読むのがすごく好きで、いつかは作る立場になってみたいとはずっと思っていたんです。

雑誌の編集者になるって決めたのは、短大の2年になったとき。でも、短大に来る求人は、一般事務ばっかりで、結婚までのあいだに働こうっていう感じのばっかりで。だから、就職活動はしなかったんです。

でも、東京でこういう仕事に就くんだって両親に報告したら、ちょっと反対されたんです。仕事は大変だし、深夜になって帰宅するなんて危ないからダメだって。でも、言い出したら聞かないあたしの性格ですから、認めるというか、半分はあきらめたみたいで。あたしは昔っから、自分のやりたいことを親に反対されて、素直に『はい』って受け入れたことがないんですよ。今回のこともそうだし、東京に出ることも、大学を選ぶときもそうだったんです」

こういうのはなんて言うんだろう。欲張りなくらい、やりたいことはなにがなんでもやってやるんだっていう、意地悪な言い方をすると「聞く耳持たずの頑固者」みたいで、でもはなしをしていると素直で柔軟性がある。目にすごく力があって、ああやっぱり意志は強いんだろうなとも思う。なんかすごく不思議なバランス。

「そうなんです。あたしってすごく欲張りなんです。仕事もバリバリしたいんですけど、結婚もはやくしたい。子供も産んで、ある程度手の掛からない年齢になったら、またバリバリ働きたいんです。ただ、結婚ていうことを考えたとき、こっちの人と結婚しちゃったら、もしかしたら島には帰れないかもしれないなぁって思うと、ちょっと複雑かな」

「いちばん島を捨てそうな人」一番だったんです、私

与那覇に限らず、東京に来たウチナーンチュの多くは、沖縄を「いつか帰るべき場所」、「将来落ち着く場所」だという。それは、男でも女でも、沖縄が嫌いで出て来た人も、好きだけど一度は東京で生活してみたかったという人にも共通している。

でも、沖縄に帰るとするならば、「帰るタイミング」っていうのが、すごく重要なんじゃない

かと思う。というのも、沖縄から東京に来た10代～20代の人たちを見ていると、帰る人と帰らない人の違いがなんとなく見えてくるのだ。帰る人の多くは、東京に来て5年以内でサッと帰っていく。その後はポロリポロリと帰るひとがいるくらいで、東京での生活が10年以上にもなると、帰りたいとは思っていても、こっちに根が生えてしまったかのように、心のどこかで沖縄に帰ることをあきらめているように見えるのだ。

帰らない多くの理由は、仕事か結婚だ。高校や専門学校、大学を出て、東京で就職した場合、5年、10年と勤めれば、それなりの責任ある仕事と、その仕事に見合っただけの給料を手にすることができる。ところが、それを捨ててまで沖縄に帰ったとしても、沖縄にはやりたいことができる職場がほとんどない。「仕事さえあれば帰るのに」というのもよく聞く言葉だ。

そしてもうひとつが結婚だ。やっぱり沖縄の人と結婚したいという声も多いが、現実ではなかなかそうはいかない。いちいち出身地を確認してから恋愛するわけじゃないんだから。こっちの人と結婚したとき、特に女の子の場合は沖縄に帰ることを半ばあきらめざるをえないようだ。

「宮古島は最終的に落ち着くところ、あたしの行くべきところかなぁ。生まれてから高校を卒業するまでずっと島にいて、両親がいて、おじいちゃんやおばあちゃんがいて、だからやっぱりあたしは宮古の人間なんですよ。でも、東京に出てきて、仕事をしてて、この先、島に帰ろうって思ったとき、宮古の人にしたら、あたしはよそ者になっちゃってるんじゃないかっていうのが不安なんです。

逆に、島だってゆっくりかもしれないけど変わっているだろうし、あたしの知ってる島とはギャップがあるかもしれないし。

そういえば高校の卒業文集で、クラスのみんなでいろいろアンケートをとったんですよ。そのなかのひとつに、『いちばん島を捨てそうな人』っていうのがあって、あたしそれ1番だったんです。捨てる気はまったくないですよ。ゆくゆくは帰りたくなるだろうし。なんでそう思われたのかっていうと、島を結構批判的に見てたところがあったからなのかもしれない」


これまで、ぼくは宮古島へ2度行ったことがある。1度目は学生のころ。そのとき、ぼくはヒッチハイクで乗せてもらった車のトランクに、全財産の入った財布を忘れてしまった。警察に届けたが見つからず、動くに動けず、与那前浜のビーチで悲しいテント生活を送っていた。

そのとき、事情を知った島のおじちゃんやおばちゃんたちが、毎日のように食料を持って様子を見にきてくれた。1週間後、トランクに財布が落ちてたと警察に届けがあり、財布は無事、ぼくの手元に戻ってきた。「なんていい島なんだろう!」。それ以来、ぼくは宮古島が好きになった。

この話を与那覇にすると、すごく得意そうな表情になった。

「そうなんですよ、外から来る人に対して、すごくやさしい島なんです。それはすごく誇れることなんです」

じゃあ、嫌いなところは? いじわるな質問。

「嫌いなところっていうか、島の人は団結力が強いんですよ。それがいいほうに働けばいいんだけど、団結力が強いぶん、個人で外に出たときに弱いんです。だから外に出ても、島の人間同士集まって固まっちゃう。島にいるときからそれは感じてて、それが島のいちばん嫌いな部分です。

東京にも結構同級生たちがいるけど、ほとんど接点がないんです。学校が終わったら、仕事が終わったら、島同士の人間が集まってちょくちょく飲みに行ってるっていうのはよく聞くんです。でもそれじゃあ、島にいるのと変わらないじゃない。せっかく東京にいるんだから、こっちの友達と楽しめばいいのになって思う。だから、東京にいる島の人たちとは、仲が悪いわけじゃないけど、それほど仲良くしてないです。

島の友達とは、島に帰ったときに久しぶりに会えるのがいいんじゃないかな。ああやっぱり宮古はいいなって思えるし」


東京で暮らしはじめて4年。学生時代は年に2回ほど島に帰っていたという与那覇だが、仕事を始めてからは、年に1度帰ればいいほうだという。


「末娘っていうこともあるんですけど、あたしずっと『甘えん坊』って言われてきたんです。でも、そう言われることは別に嫌じゃなくって、『甘えん坊』って言われてるのをいいことに、遠慮なく甘えてました。

高校卒業するまでは、甘えん坊のおりこうさんていう感じで、失敗を知らない『いい子』だったんです。だから東京に来ても、失敗することがすごく怖かったんです。でも、いろいろ失敗もあって、そのたびにもみくちゃにされてみると、失敗を知らなかった頃より、人間的にはずっと成長できたんじゃないかと思います。だから島に帰ったとき、両親やおじいちゃん、おばあちゃんと話をしていたら、『ずいぶんしっかりしてきた』なんて言われました。

もし島を出なかったら、きっと失敗をしないいい子っていうだけで終わってたと思うんです。雑誌の編集っていう仕事をして、いろんな人に会えて、いろんな考え方を知って、いろいろ失敗して、たぶん島にいた頃よりは、人間的にも幅が出たんじゃないかと思う。

そのせいだと思うんですけど、これからの自分がすごく楽しみなんです。将来を考えるのがすごく楽しくなったっていう」


5年後10年後、与那覇はどんな人になっているんだろう？　もう結婚して、子供がいて、それでもバリバリ働いているんだろうか。もしかしたら島に帰っているかもしれない。いや、島で生活している与那覇さんを知らないせいだろうか、それとも編集部で忙しそうにしている姿を見てしまったからだろうか、ぼくには宮古に戻ってのんびりとしている姿がまるで想像できない。

もしかすると与那覇は、島には帰らない人なのかもしれない。

Ⓣ

いつかは、からだごと、宮古に帰れればいいなぁというのが本心です。

YONAHA Ikuko
2001年

文章を書くしごとをするようになって、10年以上になる。机に座ってパソコンのキーを叩いていればいいんだから、ずいぶんといいご身分だなんて言われることもあるが、とんでもない。しごとのなかでパソコンの前に座っているのはたぶん5割、せいぜい6割ぐらいなもので、あとは図書館で資料を集めたり、打ち合わせがあったり、そしていちばん大事な取材もある。はなしを聞かせてくれるという人を見つけだして、企画の意図を説明して、取材の了承を得て、いざ取材という日になると、ちょっと気持ちが重くなる。土壇場になって「ちょっと今日は都合が悪くなった」なんていう連絡が入ってこないかななんて、悪あがきの期待をしてみたりもする。

いや、仕事が嫌いというわけではない。ほんとうに。ただ、ものすごく人見知りしてしまうのだ。いい年をしたオトナが、とは自分でも思うのだが、これぱっかりは昔から変わらない。同業者からは「その性格では商売間違ってる」とまで言われるほどだ。取材される側が緊張するならはなしはわかるが、ぼくの場合、取材する本人が緊張してしまうのだ。それでもなんとか続けられているのは、やっぱり好奇心だけは人一倍強いからとしか言いようがない。

雑誌の編集者をしていた頃、人事異動の時期が近づくといつもビクビクしていた。営業部に配置換えになったらどうしよう、そうなったらもう辞めるしかないかな、なんて悲壮な思いをいだく、1年でもっとも憂鬱な時期だった。

98年当時、宮古島出身の与那覇育子を取材したのは、彼女が求人情報誌の編集部で働きはじめて間もない頃のことだった。ところが3年ぶりに会った彼女はすでに会社を辞め、雑誌作りとはまったく違う職場に移っていた。「島にいた頃からいつかは雑誌を作る立場になってみたかった」と熱っぽく語っていたのは、それほど昔のはなしではない。

「編集の仕事をはじめたばかりの頃には会社内のほかの仕事にはまるで興味がなかったんです。でも求人雑誌ですから、会社のメインは編集ではなく、求人広告を取ってくる営業なんです。ですから営業の人とはなしをする機会も少なくなくって、いろいろとはなしをしているうちに、あ、営業っていう仕事も面白そうだなって思うようになって。

編集も面白いけど、もっと会社の中心になって仕事をしてみたいと思うようになって、営業部に移動させてもらったんです。でも移動してみたら、あたしの仕事は営業ではなく、営業のアシスタント。要するに営業マンのお手伝いをするだけだったんです。せっかく好きだった編集を辞めてまで移動したのに、それはとても納得できなくて、それで一人前に営業させてもらえる会社を探して転職したんです」

彼女が転職したのは、新興の求人情報誌の営業部。それまで在籍していたリクルートはそれなりに知名度のある組織だが、新たに移った会社にはまるで知名度がない。営業に行っても門前払いを喰らうこともたびたびで、どんな会社から出しているどういう雑誌なのか、発行部数はどれくらいなのかなど、ゼロから説明しなければならなかったという。彼女はそこで約2年間営業マンとして働いた。はなしを聞いてみると、それはもう殺人的な忙しさだったそうで、ところがそんな忙しさのなかにあっても彼女の人生に対する欲張りさ加減はまるで衰えていない。なんと彼女は結婚相手まで見つけてしまっていたのだ。

なにごともバリバリと精力的にこなしていく人を評して「バイタリティー溢れる…」なんていう言い方がある。バイタリティーとは活動力とか生活力といった意味なのだが、そこには熱い気持ちも内在していないだろうか。だが、同じようにバリバリと仕事をこなす与那覇には「バイタリティー溢れる」という表現がまるで似合わない。なんていうのか、はなしを聞いていると、どんな状況でも常に冷めているというか、冷静に自分と周囲の状況を確認しながら行動しているようなところがあるのだ。

情がないというわけではないが、情に流されにくいタイプなのかもしれない。結婚すると決めたとき、少し悩んだ末、2年間勤めた会社を辞めた。あまりにも忙しすぎる職場では結婚生活が難しいことと、2年間営業という仕事をやってみて、そろそろまた別のやってみたい仕事を探してみようかなというのが理由だ。2001年夏、彼女は新しい会社に移って半年ほどが過ぎていた。

「結婚してこどもができたりすると、きっと営業はできないし、じゃあ次にどんな仕事をやってみたいのかを考えたときに、会社のバックスタッフをやってみたいなと思ったんです。これまでやってきた編集とか営業っていうのは会社のなかの生産部門じゃないですか、こんどはその生産部門を支える仕事はどうだろうって。こどもができてもそういう仕事なら続けていけるんじゃないかっていうのもありましたし。

いまの会社は15名の小さなベンチャー企業なんです。そこの経営管理部っていう部署で、総務もやる経理もやる人事もやるしっていう管理全般をやってるんです。会社自体は有線ブロードネットワークっていう、いわゆるインターネット関連の会社です。ケーブルテレビのインターネット版みたいな感じで、光ファイバーを使って映画とか音楽を配信してるんですけど、うちの会社はそこでシネマチャンネルを担当してるんです。ひとことで言っちゃえば、インターネットで映画を配信する会社ですね。

小さな会社なんで、経営管理部といってもほんとになにからなにまで雑用もこなさなくちゃならなくて、忙しさはたいへんなんだけど、どうすれば会社のスタッフたちがスムーズに動けるかを考えるのは、これまでやってきた仕事にはないおもしろさもありますね。まだ入って半年なんで、いまはがむしゃらに頑張って信用を得て、そうすれば将来こどもができても産休とかちゃんともらえて、その後も同じように働けるかななんて思ってるんですけど、どうでしょうねぇ」

結婚で、ようやく自分のちゃんとした居場所を見つけられた

２００1年9月、彼女は結婚式をあげる。相手は生まれも育ちも東京で4歳年上のサラリーマン。つきあいはじめて2年ちょっとだという。結婚式には宮古島からは両親をはじめ、おじいちゃんおばあちゃん、おじさんおばさんなど総勢20数名がかけつける予定だ。24歳という年齢での結婚は早いのか、順当なのか、意見の分かれるところだろうが、東京にいる彼女の知り合いたちの反応のほとんどは、「なにをそんなに急いで！」というものだったらしい。いっぽう宮古島の親戚たちからは、「もうはやく結婚して子供産みなさい」なんてことを顔を合わせるたびに言われたともいう。

東京では結婚年齢が男女ともどんどんどんどん上昇している。自分を含めてまわりを見まわしてみても、20代で前半で結婚した友人知人は数えるほどしかいない。ほとんどは20代後半、30代前半という時期に結婚している。仕事が忙しい、仕事が楽しいからまだ結婚はしたくないという理由もあるだろうが、世界一物価が高く、住環境にも恵まれていない東京という都市でこどもを育てることの難しさもその理由のひとつだろう。いっぽう宮古島では、彼女の同級生たちはすでにこどもがふたり、なんていうのも珍しくないそうだ。

98年に彼女にはじめて会ったとき、「仕事もバリバリしたいけど、はやく結婚もしてこどもも欲しい」と言っていたのを思い出す。ただそこでいちばん気にしていたのは結婚相手が沖縄の人

ではない場合、島に戻れなくなるのでは、ということだった。

「悩みましたよもちろん。それがいちばん気になりました。あたしがこっちで結婚しちゃったら、3人姉妹で3人ともこっちにいて。いちばん上の姉も、もう時間の問題でこっちで結婚しそうだし、その下はもう結婚しちゃってるんで。さらにわたしまで東京で結婚して、こっちで自分の家族を作ってしまったら、島に残された両親はどうなっちゃうんだろうって。

　それに、与那覇っていう名前が好きなんですよ、だから苗字が変わるのもやだなぁって本気で思いましたもん。両親は結婚することに関しては喜んでましたけど、ほんとうはちょっと複雑なんじゃないですか。本人に会わせるまでは、父親はかなり反対ムードだったみたいだし。

　東京で結婚しますけど、島に帰ることをあきらめたわけじゃないですよ。ある程度子供が大きくなって手が離れたらリタイアして沖縄でのんびりしたいねって話してるんです。あたしもそうだったけど、高校を卒業するくらいの年齢になればひとりでなんとかやっていけるだろうし。だからそれまでにバリバリ働いて稼いでおかないと。

　沖縄で暮らしたいっていう思いもありますけど、若いうちは東京で生活した方がいいと思うんです。勉強にしても、遊びにしても、仕事にしても、人との出会いにしても、いいことばかりじゃないけど、沖縄にいるよりはずっと選択肢が広がるし、そこから得るものも大きいと思うんですよ。だからわたしは東京に来たことが自分にとって、ほんとに大正解でした。

　仕事の面にしても編集を2年、営業を2年、その後いまの仕事に就いて、総務とか経理とか人事なんかをすごく勉強させられてる時期なんですけど、短い間にいろんな仕事が体験できたなぁと思うんです。それもイナカのこじんまりとしたところでやってるんじゃなくて、広い世界で経験できたっていうのはすごく勉強になったなと。それに結婚する相手と出会えたのも東京だし。だから自分のこどもにも、その時期には東京でいろいろ吸収してもらいたいし。

ただ、結婚してこの先不安なのは東京で子供を育てるっていうことかな。すごく不安ですよ。ずっと高校を卒業するまで宮古だったじゃないですか、人間関係も環境も、ずっと東京より恵まれてるし、ぜったいそういうところのほうが育てやすいのはわかってるけど、そうも言ってられないし。ただ、彼は東京出身で東京で生まれ育ったわけで、その彼を育てた両親が近くにいるっていうのは心強いですけどね。見本がいるわけだから」

東京で生活を始めて8年。社会人として働き始めて6年。学生時代のようにちょくちょく帰ることはできなくなったが、忙しい合間をぬって、それでも与那覇は年に1度は宮古に帰るようにしている。そして帰るたびに、島の景色が変わっていくのを感じるという。そんな景色を眺めていると、自分が生まれ育った島が、どこか知らない土地に変わってしまうような不安感を覚えるというのだ。

小さな島から出ることを望み、島の友達ともあえて距離をとり、沖縄的、宮古的なものから離れよう離れようとしていた彼女の島を見る目は、3年前と比べてあきらかに変わっていた。

「なんであんなにむきになって島の友達を避けてたんだろうって、すごく悲しくなることがあるんです。でも、あたしの性格からして、みんなで集まって騒ぐっていうのは面倒くさいし、やっぱり出来なかっただろうなとは思うんですけど。でも、仕事をするようになって人との繋がりって大事だなって思うようになって、だから地元の友達なんかも大事に出来れば良かったなぁってて後悔してます。あの頃は自分の田舎に対してすごく否定的なことを思ってたりしたんです。すごく否定的だったと思うんですよ。

短大の頃はあたしは島から出てきた人間で、でもまわりには東京出身の子なんかもいっぱいいて、その子たちに遅れをとっちゃいけないなんて焦りみたいのもあったんです。だから宮古の友達じゃなく、そういう子たちといっしょに行動することで、自分が本当に東京で生活していける人間になれるんじゃないかと思いこんでいたっていうのもあるし。でもいまは素直に島が大好きって思えるし、自分のいとおしい場所って感じますもん。やっぱりいい場所ですよ、ほんとに。18やそこいらで東京に来て、いま25なんですけど、歳を重ねるにして、すごく地元恋しさがつのってくるんですよね。だから、いまでもこんなに好きなのに、あと5年もしたら帰りたいなんて自分で言い出すんじゃないかとも思いますもんね。でもその頃にはたぶん子供がいるかもしれない。

だから、子供が生まれたら、夏休みごとに島送りにしてどっぷりと宮古漬けにしちゃおうなんて考えてるんです。うちの両親も、賑やかになって喜んでくれるんじゃないかと。3人くらいは欲しいですね。あたしが女ばかりの3姉妹だったんで、女ばかりは嫌ですけど。自分が島に戻らないなら、せめて夏くらいでも賑やかにしてあげなくっちゃみたいな。それに両親が喜ぶだけじゃなく、宮古で過ごす時間ていうのも、子供にとってはすごくいい経験になると思うんですよ。

それに、年に2回は宮古に帰ってもいいっていうのが結婚の条件だったんで、これまで以上にあたしも島に帰れるんですよ。いまはまだ両親も元気ですけど、5年後、10年後はわからないし、お墓なんかも誰が守ってくれるんだろうっていう不安もあるし。なんかそういうのはちゃんとあたしが守っていかなくちゃいけないいんじゃないかとも思うし。でもそれだと年2回じゃ間に合わないかなとか。

沖縄って先祖を大切にするじゃないですか。そういうのを小さい頃から見ているだけに、すごい気になるんですよ。そういう意味では、こっちで結婚するのが本当にいいのかなぁって、結婚するって決めてからも、つい最近まで思ってましたね。なんか、あたしの体は東京にあるんだけど、心とか気持ちっていうのはいまだに宮古にあるような気がするんですよね。だからいつかは体ごと宮古に帰れればいいなぁっていうのが本心です」

彼女の取材をしたのは結婚式を約1ヶ月後に控えた2001年8月のことだった。前回の取材からわずか3年しかたっていないというのに、印象がずいぶんと変わったような気がした。本心を見せないように固めていたガードを解いたというか、全身の力を抜いたというか、いい方向にリラックスしているような。

別れぎわ彼女はこんなことを言っていた。

「結婚でようやく自分のちゃんとした居場所を東京に見つけられたような気がするんです。宮古でもない、こっちに出てきて転がり込んだお姉ちゃん家でもない、自分たちだけの場所。そういう拠り所があれば、東京でもなんとか頑張れるかなと思うんです」

Ⓣ

もとむらまりえ

MOTOMURA Marie
1999年

心のどこかで、「負けるものか」って思ってました。

今回の「東京の沖縄人」はちょっとワケが違う。どうワケが違うのかといえば、インターネットを使って取材させてくれる人を探してみたのだ。

これまでは、知り合いの知り合い、とか、知り合いの知り合いの知り合い、といった具合に人海戦術での人材発掘だったのだが、そろそろツテでの発掘がキツクなってきていたのと同時に、実は締め切りを忘れていて、悠長に探している時間がなかったのだ。そこで、一計を案じ、ハイテク機器を活用してみることにしたのだ（ハイテク機器といってもただのパソコンだけどね）。

インターネットに接続して、Ｙａｈｏｏ！という検索エンジンに行ってみた。検索ワードに「沖縄出身　東京都」と打ち込んで、検索スタート。結果は、79件。おお、これはなんて素敵なこと！　と思ったのもつかの間。そのほとんどは飲食店やアイドルグループの情報ばかり。それでも順を追って探していくと、あったあった、もとむらまりえという方のホームページをついに発見。怪しまれないことを願いながら、取材依頼のメールを送ったのだった。

翌日、もとむらからさっそく返信のメール。

こんばんは！　ｍａｒｉｅです。
こんな私でよければ是非宜しくお願いいたします！
主人がもうすぐシンガーソングライターでデビュー予定なので、その辺もインタビューして頂くととっても有難いです！

もとむらは沖縄を離れて8年になる。高校を卒業後、那覇にある情報処理の専門学校に通った後、プログラマーになりたくって東京の会社に就職、20歳のときのことだった。住まいは会社が用意してくれた、ディズニーランドにほど近いワンルームマンション。なにも問題のない順調なスタートだった。ところが入社10ヶ月後、バブル崩壊のあおりを受けて不況に陥っていた会社に、突然の解雇を通告されてしまう。

「あしたまでって言われて、ガーンていう感じでした。部屋も1週間で出てってくれって。せっかく東京に出てきて頑張ろうって思ってた矢先だったのに。でもこのまま沖縄に帰ったら、ナイチャーに負けた気がするはずと思って、意地になってアルバイトかけ持ちでやったんです。朝7時から夜12時くらいまでコンビニとディズニーランドの切符きりをやりました。倒れないようにって、いつもカバンのなかにお菓子をしのばせて。どっちのアルバイト先からも交通費が出てたんで、同じ路線バスでまわれるコンビニを探して、少しでも経費を安くしようなんていう努力もしましたね。

その頃は、就職してもまたクビになるんじゃないかと思って、こわくて就職しようとは思えませんでした。それにコンピュータ業界はどこも不況だったから、新しい人を募集してる余裕なんかなかっただろうし。だから専門学校から持ってきたプログラミングの教科書なんかも全部捨てちゃったんです。アルバイト生活を半年ぐらい続けた頃に、もう1度就職してみようって思えるようになって。でも、どうせならいままでやったことのない仕事をしてみようと思って、いろんな会社の面接を受けたんです。外国人に日本語を教える学校なんていうところも受けてみたり。毎朝就職情報誌を買って、業務開始時間と同時に電話をかけまくって。それで最終的に就職できたのが、コンサルティング会社でした」

再就職した職場は、企業がコンピュータを導入する際、どのような機器やソフトを選択すればよいのかをアドバイスすると同時に、人材を派遣しての指導までを行う会社だった。もとむらはここで、派遣先の企業で、コンピュータの使用法を講習するインストラクターを務めた。

「人に教えることは嫌いじゃないんです。ありがとうって言ってくれるとうれしいし。でも、大勢の人に集中して見られるっていうのが好きじゃなくって。自分より年上の人たちにニヤニヤした顔で見られて、すごく嫌なんですよ。講習会の始まる1時間前になるとおなかが痛くなって、薬飲みながらやってました。でも、自分の為になる仕事だと思ったから、泣きながら1年間やりました」

人は見かけによらないとは、よく言ったものだが、もとむらとはなしをしていて、つくづくそれを感じた。表情もおだやかだし、語り口もやわらかだし。しかも辛いことがあると、よく泣いてしまうらしい。それでも逃げ出すこともなく、しがみついてでも頑張ろうという底力は、どこからくるのだろうか？

「ナイチャーには負けたくない」。インタビューの最中、もとむらのそんな言葉を何度か聞いた。そんな気持ちと、そして自分のやりたいことに向かっていこうとする意欲が、もとむらの底力の源になっているのだろうか？

東京に出て、一人前に仕事をこなせるようになる、というのがもとむらの第一の目的だったわけだが、いつしかこれにもう一つの夢が加わるようになった。それは、イラストレーターになってみたいという夢。友達や先生の似顔絵を描いては、みんなでクスクス笑いあっていた程度で、本格的に勉強したことは一度もないというもとむらさんだが、ちょこちょこと描いていたイラストが手元にたまっていた。自分のイラストを、いろんな人に見てもらいたい。そこで始めたのがインターネットのホームページだったというわけだ。

ぼくは全く知らなかったのだが、もとむらのホームページは、池澤夏樹さんが週刊朝日に連載していた「むくどり通信」でも紹介されたことがあるそうだ（単行本「むくどりとしゃっきん鳥」に収録）。ちょっとなかを覗いてみると、「ないちゃーぐぁーしーな日々」なんていうコーナーがあったりする。もとむらが東京生活で体験した、困ったこと、うれしかったこと、考えさせられたことなどがつらつらと語られていて、ついつい読みふけってしまった。「ストレス発散の場」なんていう言い方をしていたが、なかなかどうして、読んでいるぼくが考えさせられてしまうことも多かった。

もし沖縄に戻ったら、甘えた自分になってしまう

テレビを見ていると、インターネットを使ってのビジネスだとか、パソコンやソフト関連のコマーシャルがこれでもかってほど流されている。ぼくは仕事でパソコンを使うようになって7〜8年になるが、主に使っているのはワープロソフトと、原稿を送るためのEメールくらいで、ほかにもいろいろ機能が搭載されているのだが、ほとんど使ったことがない。マニュアルを読んでも難しそうな言葉が飛び交っていて、覚えようという意欲を萎えさせてしまうのだ。

それでもたまにはインターネットで調べものをすることもある。が、まずは図書館に行ってみて、そこでわからない場合にはじめてインターネットを使うといった具合なのだ。ところがもとむらにとって、仕事はもちろん、プライベートでもパソコンの占める位置は重要だ。じつは98年の9月にもとむらは結婚したのだが、ご主人と知り合うきっかけになったのも、インターネット

を通じてのことだった。

「メーリングリストって知ってます？　同じものに興味を持っている人たちの集まりなんですけど、そこにメールを送ると、メーリングリストに加入している人全員に同じメールが届くようになっていて、情報収集なんかにすごく便利なんです。わたしはアロマテラピーに興味があって、そのメーリングリストに登録したんですが、そこで知り合ったのが旦那なんです。

旦那はシンガーソングライターなんですけど、今、プロを目指して地道にライブ活動なんかをやっているんです。プロデューサーも決まって、デビューを待っている状態で。去年の12月に沖縄で結婚式をしたんですが、そのときも沖縄でライブできるところをインターネットで探したんです。そうしたら、『MASAYA&YUZO』さんたちが、いっしょにジョイントしてもいいですよって言ってくれたんです。しかもライブの1週間前から、琉球放送の『ふれ愛パレット』の玉城デニーさんが旦那の特集を組んでくれて、当日はたくさんの人が集まってくれたんです。わたしはもう、ウチナーンチュの優しさを再確認したみたいで、もう泣きそうになるくらいすごくうれしかったです」

そしてもうひとつ、もとむらのイラストレーターとしての活動も、ホームページを飛び出して、仕事として依頼が来るようになっている。宮古島で撮影された映画「きみのためにできること」では、ポスターやパンフレットのイラストを担当した。これは偶然もとむらのホームページを見た映画関係者からの依頼だった。ゆっくりゆっくりだが、それでも確実に、もとむらは自分の道を進んでいるようだ。

沖縄から東京に来たばかりの頃、8年後の自分がどうなっているのか、まるで想像できかったことだろう。それどころか東京で3年くらい働いたら、沖縄に帰るつもりだったという。就職でいっしょに上京した友人たちは、ひとり帰り、ふたり帰り、結婚して北海道に引っ越したりと、8割は東京からいなくなってしまった。


「東京に出てきたときは辛かったです。しゃべり方がおかしいなんていじめられましたから。やっぱり沖縄から来た子とおしゃべりしてたら、話し方が面白いから録音させてなんて言われたこともあるし。なにかわたしが言葉を発するたびに、怒られたり笑われたり。すごく落ち込んでました。でも、沖縄に帰っちゃおうとは思わなかったですね。心のなかで負けるものかって。きっとこういう人はどこにでもいるはずだから、ここは耐えなくっちゃって思ったんでしょうね〜。

わたしは、沖縄に帰ったら甘えちゃうのがわかってるんですよ。楽じゃないですか、のほほーんとしてて。親の所にいればご飯も食べられるし、不況だっていうのが働かない口実にもできるし。そういう甘える自分が見えたんですよ。だから友達がポロポロ帰ったときも、そういう甘えた自分になりたくなかったんで、辛いけど刺激のある東京で頑張ろうって思ったんです。

最初にいじめられたことが尾を引いてるんだと思うんですけど、わたしはものすごいイナカから出てきたんだ、っていうコンプレックスみたいなものが、いまでも心のなかにあるような気がするんです。誰かが声をかけてきてくれても、きっとこの人だってわたしをわかってくれない、きっとバカにしているに違いないなんて思って閉じこもってました」

東京に出てきて、内地の男性と結婚して。もとむらにとって沖縄は、もはや帰るべき場所ではなくなってしまったんじゃないだろうか。はなしを聞きながら、そんなふうに思っていた。でもそれは、ぼくの勝手な思いこみだったらしい。旦那さんがミュージシャンとして成功しなかったならば、一緒に沖縄に戻って、アマチュアとしてライブ活動を続けていこうか、なんていうはなしもふたりの間で交わされているそうだ。

それも悪くはないんだけど、歌が売れて、人気も定着すれば、東京なんかに住んでいなくっても大丈夫なんだから。東京で生まれ育ったぼくは、最近になって東京を離れてよかったと感じている。住んでいた頃は気づかなかったが、東京っていうところは、なんてゴミゴミとしていて、しかも排気ガス臭いんだろう。確かに東京には、刺激があって、娯楽があって、なんでも揃ってて、なんでも味わうことができる。仕事をするにも遊ぶにも、これほど便利な街はよそにはないだろう。でも、人間が生活するには、決して快適な街ではないんじゃないだろうか。

「子供も欲しいんです。子供を育てるなら、沖縄がいいなぁって思うんです。だって、おおらかに育ちそうだから。でも、もし近い将来に帰れなかったとしても、隠居生活は沖縄でのんびりと送りたいねってふたりではなしているんです」

MOTOMURA Marie
２００１年

客席から、「今日のライブよかったね」って笑いあいたい。

結構気に入っている6曲入りのＣＤがある。ジャケットもなにもない透明のケースに入ってい て、ＣＤラベルの印刷もない。これは２００１年の秋に発売された、とある男性シンガーソング ライターのミニアルバムで、発売の２ヶ月ほど前に彼の奥さんからいただいたデモ版のＣＤだ。 奥さんの名前はもとむらまりえ。彼女と最初に会ったのは、１９９９年の秋のことだった。

当時はまだ結婚して1年足らずで、ご主人はシンガーソングライターとしてのデビューを目前に控えていた。その後無事シングルＣＤを発表してデビューはしたものの、広告展開もプロモーションもないまま、地道なライブ活動だけで時間は経過していった。だが、そうした地道な活動が功を奏したのだろうか、爆発的ではないが着実にファンを増やしてきた結果、事態は２００１年になって大きく変わり始めていた。所属事務所が彼を売り出すことに本腰を入れ始めたのだ。

夫婦二人三脚の手作りで行われていたライブも変わった。マイクの音量チェックから受付、ＣＤの販売、チラシの配布、ホームページの更新など、あらゆる裏方作業をこなしていたのはもとむらだったが、それらはすべて事務所の人が担当し、さらにステージでの衣装も「このブランドで」と決められ、また、ライブの途中で入るＭＣの内容にも指示がでるようになった。ようやっと夫婦ふたりの夢が手の届くところまで近づいてきたかのように見えた。

だが、もとむらはそんな状況に戸惑いを覚えていた。裏方で関わっていたとはいえ、音楽に関しては全くのシロウト。自分がやるよりもプロフェッショナルにまかせたほうが、格段にいいライブになることはわかっていても、彼女はどこかで疎外感を感じていたのかもしれない。

「なんだか2年前にはとても想像できないような状況に変わっちゃって。所属の事務所も、大きくするぞ！　やるぞ！　っていう感じで。プロモーターもいて、どういうイメージでどういう服を着せてどういうふうに喋るかっていう、イメージ戦略っていうんですか、そういったところから入りはじめて。これまでふたりで、こんなかんじでいいかなぁって試行錯誤してやってたのとはもうまるで次元が違っちゃってるぞ、みたいな。

新しい曲が出来て音源が出来たらどこに配るか、どういう雑誌に載せてもらえれば効果があるのかっていうところまで見極めて、そうなっちゃうともうわたしにはまるでわからない世界なんですよ。最初にデビューCDを出したときは、ほんとうになんにもなくてただ出しただけっていう感じだったんですけど、今回はもうわたしでは入り込めないところまで来てて。

まわりのスタッフの方たちも、もうほんとうにすごい協力してくださって、これに賭けてるっていう意気込みみたいのを感じるんですよ。

だからわたしも気合い入れてやらなけりゃと思って仕事を辞めたんですけど、でも辞めてはみたものの、わたしはなにをしていいのかわからないっていう状況なんです」

2年のあいだに、もとむらを取り巻く状況はご主人のことばかりでなく、大きく変わっていた。当時派遣で勤めていたコンピュータ関連の会社は、積極的に意見を言う彼女をおもしろく思わない上司と対立してしまい、中傷のメールを送りつけられるなどしてやむなく退社。

その後はむかし勤めていたコンピュータのコンサルティング会社が新たに設立した、インターネット業務を行うための子会社の契約社員として、企業などのホームページの制作をしていた。ところが会社の業績がかんばしくないということで、2001年の3月をもってその仕事からも離れざるをえなかった。翌月からはアルバイトとして、パソコンの操作などを電話でサポートする仕事を始めたが、そのかたわら半ばボランティアのような形で、ホームページの制作もしていたという。そして2001年の8月、ご主人のバックアップに専念したいという強い思いがあり、そのアルバイトも辞めてしまった。

ところがいざ仕事を辞めてみたものの、所属事務所のバックアップ体制が整ったミュージシャンとしてのご主人に、自分がかかわることの難しさを痛感したのだ。

「まだ仕事を辞めて10日ぐらいしかたってないんですけど、自分がどうしていいのかわからなくなっちゃってるんですよ。旦那もみんながサポートしてくれているから、いいものを作らないとっていうことですごくナイーブになっているところがあって、そういうのを見てるとわたしもピリピリしちゃって、余計なおせっかいやいて怒られたりして。いま家と仕事がめちゃくちゃになってるんです。だから旦那の仕事からはわたしは引いて、わたしはあんまり関わらないようにしたほうがいいのかなぁとも思ってるんです。

わたしはヘンにミーハーなんで、レコーディングについて行ったりしちゃって。なんにもわからないのに口出ししたくなっちゃうんですよ。歌詞ができたって聞けばのぞき込んで、的はずれな批評をしてみたり、リハーサルに立ち会ってもなにかひとこと言いたくって、つい余計なこと言っちゃうし。関わっていたいんだけど、関わりすぎて迷惑かけちゃうんで、もうどうしたらいいんでしょうね」

パソコンを子供達に教えて、新しい世界が広がることを教えたい

自分のやりたいことを見失っているような気がした。ご主人のデビューが決まってから、彼女は自分の夢を見ることよりも、どうしてもミュージシャンとしてメジャーになってほしいという夢を追うようになっていたのだろう。内に秘めた「ナイチャーには負けたくない」という気持ち

で泣きながらも仕事を続け、イラストレーターにもなりたいと話していた時の活き活きとしていた雰囲気とはだいぶ違っていた。

　自分のホームページで描いていたイラストが目にとまり、映画のポスターやパンフレット、その後も書籍のイラストなど、イラストレーターとしても歩み始めていた彼女だったが、そのイラストさえもいまでは辞めてしまったという。


「何ごとも極めたことがないんですよ。全部中途半端で、自信を持ってやれるっていうことがないんです。イラストも最初のうちは楽しかったんですけど、だんだん辛くなってきて。ここにこういうイラストを描いてくださいっていうふうに、決められたものをその通りに描くことはできるんですけど、まかせるから好きなようにやってって言われるのがいちばんダメで、もうなにを描いていいのかわからないんですよ。

　仕方がないんでとりあえず描いてみると、ああじゃないこうじゃないっていろいろ言われるじゃないですか。聞く人によって意見はいろいろ違うし。そうなるともうなにをどうしたらいいのかわからなくなっちゃって。それでもなんとか本の挿絵を2冊やったんですけど、もう勘弁してほしい。もうだめ、描けないですね。描きたくないっていう気持ちのほうが強いというか、自信がないというか。

　そんなときにちょうどというか、パソコン上で絵を描くタブレットっていう道具を、飼っている犬がバリバリに砕いちゃったんですよ。これはいいチャンスだ！　タブレットもないことだし、イラストはもう辞めましょうっていうことで。

あっちもやり、こっちもやりってやってると、どれも中途半端になっちゃうし、旦那のほうにも首を突っ込みすぎるとメチャクチャにしちゃいそうだし、ちゃんと役割分担してお互いに入っちゃいけない領域を作った方がいいかなぁと思って。だからわたしはどこかで働くことに専念しようかなと。スタッフの人たちが一生懸命なのを見て、よし！　わたしも！　なんて燃えちゃったところがちょっと間違いだったみたいで。いくら頑張ってみても所詮はシロウトなんで。だからわたしは旦那の音楽を楽しむファンに戻ろうとしてるんだけど、まだ戻れないところがあって、難しいですね」

ほんと、物事ってなかなか思い通りに運んでくれない。こっちがうまくいっているかと思うと、あらぬところでほころびが出来ていたり。で、そのほころびを直していたら、今度はまた別のところで不都合が生じる。思い通りにいかないものだと頭ではわかっていても、物事がうまい具合に滑ってくれないといらだちがつのる。そんな状態が続けば精神的にもかなりこたえるし、自信をなくすかもしれない。まさに彼女はそんな状態だったのだろう。

言い方は悪いけど、夫婦ふたりで追いかけていた夢を、夢が大きくなってきたところでトンビが油揚げをかっさらうように横取りされてしまったような喪失感。追い続けてきた夢の実現に、直接的に加われない無力感。全国メジャーのためにはプロ集団にまかせておけばいいということは百も承知だ。でも喪失感は頭で納得していても癒されるものではない。そこがもとむらのジレンマなのだ。だが、どうするべきなのかの答えを、すでに彼女は持っていた。あとは時間をかけてゆっくりと心で納得することだろう。そうすればまた彼女は動きせるはずだ。

「3年後のわたしはどうなっているのか、この3年間の変化があまりにも大きかったんで、想像もつかないですね。でも、こうなっていたいっていうのはあります。やっぱり全国メジャーになって、ある程度全国的にファンも定着して、各地でライブして。わたしはもう完全に客席から楽しんで、今日のライブはよかったねぇーって後で笑いあいたいですね。あとは暇なときに近所の学校とかで、ボランティアでいいんで子供たちにパソコンを教えたいですね。

気持ちに余裕が出来て、経済的にも余裕が出来たら、不登校の子供たちが通うようなフリースクールなんかでパソコンを教えてみたいなぁって考えてるんですよ。教えることは基本的に好きなんで、楽しみながら覚えてもらいたいんですよ。パソコンってなくても困るものじゃないんだけど、逆にパソコンがあるだけで、世界がいろいろ広がるんですよ。

わたしなんか旦那と出会ったのもインターネットだったし、インターネットで知って興味を持ってライブに来てくれるお客さんもいるし。だから内にこもりがちな不登校の子供たちだってパソコンを使えれば、どんどん新しい世界が広がっていくと思うんですよ。教えるっていうよりも紹介したいっていう感じですかね。難しく考えないで楽しい場所があるよっていうのを」

かつて週刊朝日で紹介された彼女のホームページが閉鎖されて久しい。忙しくてマメに更新できないというのが閉鎖の理由だった。彼女のとりとめもない日常をつづった「ないちゃーぐぁーしーな日々」が更新されるのを楽しみにしていたファンとしては残念でならないし、再開を楽しみにしている人だって多いはずだ。

もとむらが言うように、パソコンは、生活必需品ではない。インターネットも使い方によってはこのうえなく便利だが、個人が開設しているホームページの場合は、極端に言えばなくても誰も困らない。要するに「余裕の産物」ということだろうか。ホームページを作る方も見る方も、余裕がなくては成り立たないものなのかもしれない。

ここ数年もとむらは年に1、2度、沖縄に帰っている。とはいうものの、それらはいつもご主人のライブが主な目的で、島に帰ってもなにも考えずにボーッとできる時間は少ないという。沖縄を離れて以来、もとむらは涙を流しながらも足を止めることなく一歩でも前へ、一歩でも前へと歩き続けてきた。そして歩き続けてきた時間は10年を過ぎた。そろそろ一息ついて、歩くのをちょっと休んで、大きく深呼吸して、島の時間を取り戻してもいい時期なのかもしれない。Ⓣ

第 Ⅳ 章

観光客になりすまして、そっと沖縄のぞいてみようかな。

新崎克子

ARASAKI Katuko

1998年

スナックは、半年やってダメだったら辞める約束だったんです。

神奈川県川崎市川崎区。東京湾に面したこの街は、何本もの高い高い煙突から、もくもくと黒い煙が吐き出される京浜工業地帯の中心地。国道では大きなトラックやダンプカーがうなり声を上げながら我が物顔で走り回り、とてもじゃないが普通の声で会話ができるような状態じゃない。歩いているだけで、排気ガスで顔が黒くなっちゃうくらいなんだから。

そんなところだから、環境汚染も深刻だ。「川崎病」と呼ばれる公害病をはじめ、喘息やら気管支炎を患ってしまう確率が、他の地域に比べると相当高いと本で読んだ覚えがある。

さて、そんな工業地帯と、にぎやかな繁華街があるJR川崎駅を直線で結ぶと、そのほぼ中間あたりに「観音」という町がある。ちょっとさびれかけたような小さな商店街のある、さして特徴があるわけでもないどこにでもありそうな町だ。工業地帯の排気ガス臭さも騒音も、ここまでは届いてこない。もう太陽が沈みきって暗くなった時刻、ぼくはこの町で地図を片手に、「みなみ」という3ヶ月前に開店したばかりのスナックを探していた。

「みなみ」のママ、新崎克子は35歳。与那国の祖内で生まれ、小学生のときに石垣島に家族で移り住んだ。与那国島時代は男勝りで、洞窟探検をしたり、漁師をしていたお父さんの漁にくっついていったりする活発な女の子だったらしい。

現在彼女は、沖縄本島出身の御主人と二人の子供を抱える主婦でもある。彼女が沖縄を離れたのは、定時制高校に通っていた17歳のときに。以来18年間、ずっと川崎周辺で暮らしてきた。

7人兄弟の三女だった新崎は、早く仕事に就いて実家にお金を入れたいという思いと、いちどは東京にいってみたいという憧れから、一足先に川崎に来ていた姉を頼り、入学したばかりの定時制高校を中退して上京した。

「最初はね、NECの半導体を作る工場で働いてたんです。ほこりが付かないようにかっぽうぎ着てマスクつけて。顕微鏡覗いて部品を組み立ててく、すっごい細かいやつ。その仕事はとてもとても忙しくて、毎日朝8時半から夜10時まで。もう毎日残業。でも細かい作業が嫌いじゃないんで、仕事は楽しかったんですよ。

でもね、わたしがしゃべるとアクセントがおかしいらしくて、変な顔されちゃって。ちゃんと通じないんですよ。頭で考え考えして標準語に直してからしゃべるっていうのに疲れちゃって、それで無口になっちゃったけど。いまでもアクセントは直ってないけどね。結局その仕事を5年続けたのかな。遊ぶ暇もなかったですよ。家と会社の往復だけ。休みの日は家で寝てましたね」

そんな生活を続けていれば、体を壊さないほうがおかしい。勤め始めて3年後、ハードワークと先輩社員からのイジメという人間関係のゴチャゴチャから、とうとう胃潰瘍に。体も心も弱ってしまったこのとき、「沖縄に帰ろうかな…」、そんな思いもよぎったそうだ。でも、彼女は帰らなかった。

「ほんとに辞めようと思ったけど、いま辞めちゃったら相手の思うつぼでしょ。やっぱり沖縄の人は根性ないなーと思われるのもくやしかったし。だから意地でも続けてやると思って、毎日病院通いながら仕事行ってたんです」

そして体を壊してから2年後、我慢の限界に達した彼女は、「結婚して沖縄に帰るから」と偽って逃げるように会社を辞めた。

「仕事を辞めてからはぶらぶらして、ちょっとアルバイトでもして、それから沖縄に帰るつもりだったんですよ。仕事してるときは、ぜんぜん東京で遊べなかったし。ところがね、そろそろ帰ろうかな〜と思ってた頃に、いまの主人と付き合いはじめて。主人も沖縄の人なんですけど、こっちで会社勤めをしていて。それでね、とうとう帰りそびれて結婚しちゃったんです。20歳のとき」

それからの7年間は、子育てと家の仕事に追われる、ごく普通の毎日だったと彼女はいう。ところがだ、結婚生活が8年目になったとき、彼女はなんの経験も知識もないまま、スナックを開店させてしまったのだ。

新崎を訪ねるまえ、「沖縄から川崎に来て、長いこと水商売を経験して、一生懸命にお金を貯めて、苦労の末ようやく自分の店を持った人」なんていう、勝手な想像をしていた。ところがはなしを聞いてみるとまるで違うじゃないか。水商売はおろか、喫茶店のウェイトレスといった接客業の経験もない。それならばじゃあ、お酒が好きなのかと思えば、商売をはじめるまでは全然飲めなかったときたもんだ。それなのにいきなり店を出してしまうとは…。与那国の人って、やることが豪胆なんだろうか?

8年ぐらい前、鹿児島から与那国島まで、島づたいに船を利用して南下したことがある。スタートから3ヶ月後にたどりついた与那国島は、ぼくが知っている沖縄とはまるで印象のちがう島だった。沖縄本島とも、宮古、八重山とも雰囲気の違う「国」のような気がした。

荒々しい海、海岸線からいきなりせりあがった地形なんていう景観からくるものじゃなく、なんなのかわからないけど異質な空気を強く感じた覚えがある。(そういえば、与那国馬が背後から近づいてきて、いきなり肩を噛み付かれてとっても驚いたことを思い出した。)

さて、はなしを戻して、いきなりスナックをはじめてしまった新崎さんのはなし。ぼくが不思議に思ったのは、なんでスナックだったんだろうという素朴な疑問。

「主人が毎日のように接待接待でお酒を飲んで帰ってくるんですよ。よく毎日毎日飲んであきないものだなぁ、毎日毎日通ってもあきないところならよほど楽しいところなんだろうなぁ、それならわたしもやってみたいな~っていうのがきっかけ。でも主人にやってみたいって言ったら即座にダメ。やりたい、ダメ、やりたい、ダメ、もうずっとそのくりかえしで、とうとうしぶしぶ、じゃあやってみなさいっていうことで。最初の約束で、半年やってみてうまくいかなかったらすぐに辞めるっていうことにして。ところがうまくいっちゃったんですよ、これが」

とはいうものの、最初からすべてが順調ってわけにはいかない。なにしろそれまでお酒を飲んだことのない彼女だ。まずはお酒の銘柄を覚えるまでが一苦労。酒の代りにウーロン茶やジュースを飲みすぎて気持ち悪くなる。そして「ママのくせに酒が飲めないのはおかしい!」と絡んでくる客。仕方がないので飲むと、酔ってしまい、階段を転げ落ちる始末。それでも、いろんな人と会話を楽しめるこの仕事が彼女にはとても楽しいらしい。

最初に開いた店は、家主の都合で3年後に閉店。その後別の場所で再開したが、客の入りが思わしくなく閉店。そしてしばらくのブランクの後、3ヶ月前、空いている店があるんだけれどとはなしを持ち掛けられ、三度目の開店となったわけだ。

お店の営業時間は夜7時から深夜2時。週に1度、水曜日がお休み。昼間はふたりの子供をかかえて主婦業もこなしているわけだから、「楽しいから」なんていうだけではとても続けられないハードスケジュールじゃないか。

「でもね、家事はちょこちょこ手を抜いちゃってるから。まわりの人がいろいろ助けてくれて、だから続けられたっていうのが大きいですね。だけど、家にいたら子供や主人の世話で大変でしょ、だからここに来ると仕事なんだけど、息ぬきっていうような面もあるかもしれない」

店内を見回してみると、よそのスナックにはない泡盛がしっかりと並んでいる。料理もゴーヤーチャンプルーやフーチャンプルー、八重山のカマボコなどがあり、「沖縄出身のママがいるらしい」というううわさを聞いた沖縄のお客さんもよく訪れるそうだ。

「沖縄の人は標準語がへたでしょう、だからここに来るとそんなこと気にしないで思いっきり方言しゃべれて気楽なのかもしれない。わたしもね、なまりはだいぶなくなってたんだけど、この仕事はじめたら沖縄の人がよく来てくれるもんだから、すっかり戻っちゃったね」

島にもどればほっとする。でも3日が限界

新崎の家族は、お店のある観音の隣り町の一軒家で4人暮らし。それまでは、子供の成長とともに川崎、鶴見あたりで何度か引越しを繰り返してきた。沖縄の名字、沖縄の顔が、不動産屋を警戒させるのだ。

たしかに男の子がふたりだと、「部屋を汚すから」「騒いで隣近所が迷惑だから」といった理由で、マンションやアパートではなかなか部屋を貸したがらないのも事実なのだが…。昔ほどではないが、「沖縄の人」ということで貸し渋る不動産屋がいまでもいるのが事実だ。沖縄の人に部屋を貸すと、知らないうちに人数が増えていて、友達を集めては夜中に酒を飲んで騒ぐから、というのがその理由。

他の地域ではそんなことをいう不動産屋はいないのに、川崎や鶴見には昔から沖縄の人が多かったぶんだけ、いまだに残っているのかもしれない。それだったらいっそのこと、家族揃って沖縄に帰っちゃおうと思ったことはないんだろうか？

「最初の頃は帰ろうと思ったけど、結婚して子供ができたら思わなくなりましたね。子供たちはすっかりこっちの子で、小さい頃は沖縄にも一緒に帰ってたんだけど、いまじゃ行きたくないって。夜になると虫がいっぱい集まってきて嫌だって。それよりもこっちで友達と遊んでいるほうがいいみたいですよ。だから、子供たちがふたりとも家を出るようになったら、どうだろう、帰りたくなるのかな～」

東京に出ていた彼女の兄弟たちは、ほとんどが沖縄に戻ってしまい、いまでもこっちに残っているのは彼女と姉のふたりだけ。後ろ髪を引かれるような思いはないのだろうか？

「う～ん、たまに帰るでしょ、でもね、すぐにこっちに帰ってきたくなっちゃう。3日が限度かな。退屈。向こうに行くと、一応安心はするんだけど、やっぱりね。だからまだまだ当分帰る予定もないし、帰る気持もない。でもね、すごく気にはなるよ、基地のこととかね。八重山には基地がなかったから実感としてはわからないけど、基地は怖いな〜と思うよ。本当は基地なんてないほうがいいんだけど、でもなくなっちゃったら、そこで働いてた人たちはどうなっちゃうのかなとも思うし。難しいよね。ただでさえ仕事がないところだから。もしよ、沖縄にもっと若い人が働けるような仕事がいっぱいあれば、こっちに来る必要はないかもしれない。東京とかへの憧れはあるだろうけど、出てきても沖縄に仕事があれば帰る人はもっと多いかもしれない」

5年前、彼女は御主人と二人の子供を連れて与那国島を訪れた。自分の生まれ育った島を、どうしても見せたかったから。自分が住んでいた家、よくターザン遊びに行ったジャングル、潜りに行った海。10数年ぶりにもかかわらず、島の風景や様子があまり変っていないことに驚いたそうだ。

島の様子が変わらないこと、それはいじわるな言い方をするならば、「時代の波に取り残されてしまった辺境の地」なんていう言い方ができるのかもしれない。それに比べ、都会の風景の移り変わりは早い。半年や1年訪れないと、知らない店やビルが増えていたりする。あまりにも変化が早すぎて、「ここは昔どんな店があったんだっけ?」と考えても思い出せない。景色が体に馴染むまえに、どんどん姿を変えてしまうのだ。東京で生まれ育ったぼくには、残念ながら彼女のような体験をすることはとうてい不可能だ。そういう島を持っている彼女がぼくにはとてもうらやましく思えた。

Ⓣ

ARASAKI Katuko
2001年

あの海の色はなんていうんだろ、与那国島の海の色ね。

おぼろげにしか覚えていない道を迷いながらもようやくたどり着いてみると、そこにあったはずの「すなっく　みなみ」はなくなっていた。記憶違いかと思い、もういちどあたりを歩き回ってみてもやっぱりどこにも見あたらない。近くにいたおばあさんに聞いてみると、もうずいぶん前に店はなくなったということだった。

場所が良くなかったのか？　駅からも遠いし、入り組んだ住宅街の一角にあって道もわかりにくい。それほど人通りがあるわけでもなく、どことなく裏寂しい雰囲気の町だ。不景気でやむなく店をたたんでしまったのだろうか、それともどこか別のもっと条件のいい場所に移ったのか。

暗くなり始めた道を、川崎駅に向かってとぼとぼと引き返した。

裏通りを抜けて、川崎駅にまっすぐ延びる表通りに出たところで、電話ボックスを見つけた。店をたたんだのではなく移転したのであれば、電話帳を調べればわかるはずだ。広げた電話帳には、何ページにもわたってスナックの電話番号、住所が掲載されている。川崎市内だけで少なくとも1000軒以上はあるだろう。こんなにライバルが多いんじゃ商売も楽じゃないだろうになどと余計な心配をしてしまう。

見落とさないよう指でたどって探していくと、あった！「すなっく　みなみ」。住所は川崎市川崎区大島。地図で探すと以前店のあった観音からは、1キロほど川崎駅よりに移ったことになる。しかも大きな通りにも面しているようだ。すぐに連絡をして、その足で「すなっく　みなみ」を訪ねることにした。

与那国島で生まれ育った新崎克子が上京したのは17歳のこと。半導体を作る工場で3年間働いた後、20歳のときに沖縄本島出身のご主人と知り合い結婚。ふたりの子供を育てながら、28歳のときにスナックを開店。最初の店は家主の都合で3年で閉じ、別の場所ではじめたものの客足が鈍く閉店。そしてしばらくのブランクを経て川崎市の観音で「すなっく　みなみ」を再開したのが1998年、35歳のことだった。そして2001年、場所を移ってオープンした「すなっく　みなみ」は、以前の店と比べるとひとまわり以上も広くなっていた。

「もう3年くらい島には帰ってないんですよ。忙しくってとてもそんな時間がとれなくって。夜はお店で人使ってるし、昼間も主人の会社で事務的な仕事をして、そこでも人を使ってるんですよ。お正月でもいなかに帰らない独身の人たちが家に来るもんで、1年中ばたばたしてるもんだから。

お店の方も不景気で、主人にも辞めろって言われてるんだけど、40歳までお願いだからやらせてって頼み込んでなんとかやってるんです。40を過ぎたら、こんどはスナックじゃなくて小料理屋みたいなのをやってみたいとも思っているんですよ、人件費もかからないし。となりの鶴見も多いんだけど、川崎も沖縄の人がずいぶん増えてるから、沖縄料理があって、泡盛が飲めるような。いまもメニューに沖縄料理はあるんだけど、ここは女の子とおしゃべりを楽しむことのほうがメインでしょ。そういうのじゃなくて、料理とお酒をゆっくり楽しめるようなお店をやってみたいなぁと思ってるんですよ。

睡眠時間は毎日4時間も眠ればいいほうかな。生活が苦しくて、昼も夜も働かなくちゃいけないっていうならわかるけど、そうじゃないのになんでそんなに働くのかっていわれるけど、スナックのほうは、わたしとしては仕事っていうよりも、ストレス発散の場所って言ったほうが正確かもしれない。

昼間の、主人の会社の仕事は人を使ってるもんだからすごく気を遣うんですよ。若い人も多いし。気持ちよく働いてもらいたいから、なにか嫌なことがあっても顔に出せないし、主人と喧嘩したときでも会社では普通にしてないといけないし。でもそんなときはわかるみたいですよ、『どうしたんですか?』なんて言われますから。主人の会社の仕事をして、家の仕事もしなくちゃいけないし、それを毎日毎日やってたらストレスが溜まるんですよ。だから、夜にお店でお客さんと仕事とはなんの関係もないはなしをするのが、ストレス解消になってるんです」

新崎によれば、家事ではちょこちょこと手を抜いて子供たちにはかわいそうなことをしたかもしれないということだ。だが、はなしを聞いている限りでは、彼女はかなりの徹底主義者で、かなりの負けず嫌いでもある。与那国島から上京して勤めた会社では、連日12時間以上のハードワークと先輩社員からのイジメから胃潰瘍にかかっても、根性なしと言われるのが嫌で、医者通いをしながらも勤めを続けた彼女だ。手抜きをするといっても想像するにたかがしれたものだったんじゃないだろうか。

家庭の主婦として、ふたりの子供の親として、会社では社長であるご主人のサポート役として、そして夜はスナックのママとして、いくつもの顔を持ちながらもそのすべてに全力投球してしまうのが彼女の性格なのだろう。そんな彼女だから、スナックで働く女の子を見る目にも厳しいものがある。えげつない言い方をしてしまえば、いかに楽しい雰囲気を作り上げて客に散財させるかが女の子たちの腕の見せ所というところになるのだろう。ところが女の子のなかには、そういうプロ意識を持たず、遊び感覚で働く女の子が少なくないというのだ。ストレス発散の場とは言え、仕事としてやるからにはきちんとやる。そんな新崎の性分を垣間見たようなひとことだった。

子供が家を出たら、帰りたくなるのかな?

新崎の生まれ島、与那国にはいまでも御両親が健在だ。ときおり思い出したように「今度はいつ帰ってくるのか?」という連絡があるという。島を離れて約20年。生活基盤もすっかり固まり、忙しい日々を送る彼女にとって、島はどういう存在なのだろうか。

「なつかしさかね。もう帰ってもね、知り合いがそんなにいないし。いるんだけど、もう20年以上も前のわたししか知らない人ばかりだから、イメージが全然違うのよ。帰るとなつかしくてうれしいんだけど、長居しようとは思えない。3日もすると帰りたくなる。両親のことは気になるけど、主人も子供もいるしわたしがあっちで暮らすことはないんじゃないかな、わからないけど。

3年くらい前かな、お父さんが倒れちゃって、それでいつ動けなくなるかわからないから動ける内にって、帰っておいでって言われてたんだけどね、忙しくって。親にとってはいくつになっても子供は子供みたいで、特にわたしなんか10代のなかばで出ちゃってるから、余計にそういうのがあるんじゃないかな。今年は島から両親が来てくれたけど。

でもちょっとうれしいのが、長男が虫がいっぱいいて沖縄は好きじゃないって言ってたのが、主人と沖縄で釣りをしたのがよっぽど楽しかったらしくて、また沖縄に行きたい、また行きたいって言うようにはなったんですけどね。だから遊びに行くのはいいけど、家族そろって沖縄に帰るっていうのはありえないと思う。

帰るんだったらやっぱり夏に帰りたいなと思うのね。海で泳ぎたいから。ここの海には入りたくない。めちゃくちゃ汚い。房総半島とか伊豆半島のほうまで行けばきれいなんだろうけど、ここらへんの海はね、ほんとうに汚い。いまでもね、お父さんの船に乗って漁に行ったこと思い出すときがある。ほんとうは女の人がいっしょだと魚が獲れないからダメだって言われてたんだけど、お願いお願いして何度か連れてってもらってね。あの海の色は何色っていうんだろう、沖縄の海とも違う与那国島の海の色なんだよね」

海にぐるりと囲まれた島で育ったからだろうか、新崎にとって海は与那国島の象徴になっているのだろう。前回のインタビューでも、そして今回も、島の話になると決まって幼い頃に遊んだ海がどれほど魅力的だったかを熱っぽくはなしてくれた。10代の後半に島を出て以来、生活の場を完全に移してしまった彼女にとって、島での人間関係は肉親を除いてはすでに希薄なものになってしまった。その結果、彼女が思い描く島のイメージは、いつまでも変わらない島の風景、自然といったものに象徴されるようになったのかもしれない。

与那国島の自然を懐かしむ気持ちがさせるのか、新崎は自宅のベランダで島から送ってもらったサトウキビやパイナップルを植木鉢で栽培している。いくら丹誠込めて育ててみたところで、もちろん収穫できるわけもなく、サトウキビなどは鉛筆のようにひょろりとしか育たないし、パイナップルも雪を被って枯れてしまったこともあるという。それでも彼女は毎年のように苗を送ってもらい、毎年のように育てている。育たないと言う結果を知りながらも続けているのだ。

新崎にとって、与那国島はもはや帰るべき場所ではないのだろう。島を出てからの20年という歳月は、新しい土地に根を張り、人間関係を築くのに十分すぎる時間だったに違いない。実際に彼女は家庭を持ち、妻として母として、そしてスナックのママとして忙しい毎日を送っている。端から見れば新崎はすっかり川崎の人で、遠く彼方に離れた与那国島と彼女を結びつけるものはどこにも見つからないかもしれない。にもかかわらず、細くて切れそうな糸かもしれないが、そしてどんなにたぐっても近づかないと知りながらも、彼女はその糸をいまでも大切にたぐり続けているような気がするのだ。
「故郷は遠きにありて思うもの」という室生犀星の言葉は、故郷にとどまっていてはその姿は見えてこない、遠く離れてはじめて、良いこと悪いことも含めてその姿が見えてくるということだろうか。新崎が川崎から思い描く与那国島はきっと20年前と変わらない姿に違いない。不便なこと、娯楽がないこと、人が少ないこと。そんな負のイメージを消し去った島のイメージ。それは新崎が20年の間に自分の中で創りだした幻の島だ。だから現実に島に戻れば、退屈で退屈で川崎に戻りたくなってしまう。彼女にとって与那国島とは川崎という異郷に暮らしてこそ身近に感じられる存在なのかもしれない。
１９９８年、彼女はこんなことを言っている。

「子供がふたりとも家を出るようになったら、どうだろう、帰りたくなるのかな?」

ふたりの子供たちが家を出る年頃は、もうそれほど先のはなしではない。

Ⓣ

宮平直樹

MIYAHIRA Naoki

1998年

夢があるんですよ。後悔したくないから、エイヤッて東京にお金を貯めに来たんです。

ぼくの住んでいる銚子はとても静かな街で、夜も7時を過るとほとんど人気がなくなり、真っ暗な夜に沈んでしまいそうなほどシ〜ンとしている。街灯もないような道を車で走っていると、ときおりイタチやノウサギやタヌキが飛び出して来るようなそんなところだ。

さみしくないかというと、正直なところ、ちょっとだけさみしい。具体的にいうと、飲みに行こうと思っても、歩いて行ける距離に居酒屋がなければ、一緒に飲みに行く友達もいないのがさみしい。そのてん高円寺はよかった。明け方まで店を開けている居酒屋はいくらでもあったし、ひとりで飲みに行っても、誰かしら顔なじみに出くわしたものだ。それに、沖縄料理や泡盛を飲ませてくれる店が豊富なのもありがたかった。

なんでなのかわからないけど、高円寺をはじめ、中央線沿線には沖縄出身者と沖縄料理の店が多い。沖縄の人が多いから沖縄料理屋が増えたのか、沖縄料理屋が多いから沖縄の人が集まるのか、卵が先なのか、ニワトリが先なのか、謎が謎を呼ぶ疑問のひとつだ。

さて、今回はなしを聞かせてもらった宮平直樹、24歳が暮らしているのは東京のとなり、神奈川県川崎市。川崎周辺はやはり沖縄の人が多い地域で、なかでも川崎に隣接する鶴見区は特に多く、秋には小学校の校庭を借り切り、県出身者たちの運動会が毎年のように開催されている。

「そんなところがあるんですか？　ぼくは川崎からほとんど出たことがないんで知らないんですよ。行ったことがあるのは蒲田と横浜ぐらいで」

身長185センチ。細身のすらりとした身体に、洋服音痴のぼくにはわからないが、シュタッていうような服を着て、耳にはピアスを4つも付けてて、サングラスしてて、さりげなく髪を染めてたりする。いや～、それが本当に似合ってる。ちっともイヤミっぽく見えない。ファッション雑誌に出てくるモデルみたいにかっこいいんだ、本当に。

そんな彼の仕事は水商売。仕事が始まるのは夕方の4時。7時に店を開けて、深夜2時まで営業。後かたづけをして帰宅するのが3時。風呂に入って4時に寝て、翌日昼頃に起きだすというのが日常的な生活パターン。休日は週に1日、日曜日だけ。まあ、こんな生活してたら、どこかに遊びに行く暇もなかなかないだろう。1年半前に沖縄から出てきて以来、彼はずっとそんな生活を続けている。

「沖縄にいたころは畳職人だったんですよ。給料が手取りで15万。それでもなんとかやってけちゃうんですよ、沖縄なら。でも、ぼくには夢があるんですよ、沖縄で洋服屋を持ちたいっていう。でも15万の給料じゃ、いつまでたっても店なんか持てるわけないじゃないですか。あとで後悔するのは嫌だから、よし、それならいっそのこと東京でがむしゃらに働いて金貯めようって。30才までに1000万貯めて、沖縄に戻って店を持つのが目標なんです」

彼の服に対する思い入れは筋金入りだ。小学生の頃から自分の好みで服を選び、親に選んでもらったことなどいちどもない。高校の制服も学生ズボンではなく、スーツのズボンを履き、とにかく自分の好みの恰好をしていないと気が済まなかったのだという。

ブランド物の服を着るわけではなく、有名だろうが無名だろうがとにかく自分の好みにあったものを身につける、それが彼の服に対するこだわりなのだ。

そんな自分好みの服を集めた店を持ちたい。そのための資金を最も手早く稼ぐための方法、それが東京に出てきての水商売だったわけだ。

「頭がいいわけでもないし、東京に知り合いがいるわけでもないし、どんな仕事があるのかもわからなかったですよ。ただ、沖縄にいたころとは全く違う仕事をしてみたいとは思ってましたけど。

だからモデルなんかもやってみたいな～なんて。でも、モデルってだいたい25才ぐらいまでなんですよね。だからもう今からモデルは無理かな、仕事も忙しいし。

水商売の世界に入ったのは、求人誌で見つけたからなんです。けっこう楽な世界なんじゃないかと思ったのもあるんですよ。それまで全然縁のない世界だったから、ちょっと興味もあったし、なにより給料も良かったですから。

でもね、やってみたらキツイ仕事ですよ。1日2日で辞めてしまう人もいるし。肉体的っていうよりも、水商売は接客業ですから、精神的にものすごく疲れるんですよ。生半可な仕事じゃないですね」

最初に勤めたのは中央線沿線、吉祥寺にあるパブ。白いワイシャツに黒いズボン。酒やつまみを客に運ぶボーイだ。髪を染めたりピアスをつけたり、そんなことが許されるわけのない職場だ。

「いやーもうがむしゃらにやりました。楽そうだと思ったらこれがもう精神的にきついんですよ。客商売なんてやったことなかったですから。お客さんを前にしても、標準語が喋れないのが辛くて。自分が心に思ってることを、ウチナーグチならすらすら出てくるのに、それを標準語に訳することができなくて。本来のぼくは人を笑わせたり、みんなでワイワイするのが好きなのに、こっちにきて半年は無口で別人みたいになってましたよ。でもね、思うんですけど、がむしゃらにやれば、絶対結果はついてくるものなんですよね」

　がむしゃらにやれば結果はついてくる。彼がそう思えるのには、それなりの理由がある。中学時代から身長のあった彼は、バスケット部で活躍していた。その活躍が認められて、高校へはスポーツ推薦で入学。1年生からレギュラーとして活躍して、大学へも推薦入学で進学している。彼の言葉を借りれば、「そんなに上手くはなかったけど、負けず嫌いでがむしゃらに頑張ったのが認められた」のだという。

　がむしゃらに頑張るその性格は、水商売の世界でも変わらなかった。標準語を自由に操れるようになると、本来の明るい性格で場を盛り上げ、新入りのボーイはたった1年半で何軒かの店を統括する幹部にまで昇進してしまったのだ。

　なんか嘘みたいなはなしだけど、本当なんだからしょうがない。

「自分でもあれあれって感じです。知らないうちに部下が増えちゃったっていう。人によっては、水商売がむいてるんだねなんて言う人もいますけど、ぼくはむしろ自分には向いてないんじゃないかと思ってる。ただ、結果だけ出そうってがむしゃらにやってただけですよ」

　現在、給料は月に30万ちょっと。会社の寮を出て、川崎の近くに部屋を借りてひとりぐらしをしている。

沖縄の人がどういうふうに見られてるのか、心配になります

ＪＲ川崎駅南口を出ると、正面に仲見世通りという名前のついた細い道が見える。道の両側には、喫茶店、レストラン、カラオケボックス、居酒屋、パブ、バーなどがえんえんと連なっている。宮平の勤めている店も、この道に面したビルのなかにある。

看板にネオンが灯り薄暗くなりかけた頃、ぶらぶらと歩いていると、ウチナーグチの話し声が聞こえてきたりする。

「ビックリしましたね～、なんで川崎は沖縄の人がこんなにいっぱいいるんだろうって。うちのお店のお客さんも、２割くらいは沖縄の人ですね。川崎は第二の故郷みたいに思えて居心地いいですね。でも、夜になると酒癖悪い人なんかも出てきて、怖い町でもあるんですよ。でね、お酒飲んで喧嘩する人に、沖縄の人が多いんですよ。そういうの見てると、こっちの人が沖縄の人をどう見てるのか心配になるんですよね。恥ずかしい部分もあるし。僕も沖縄出身ていうことで、同じように見られたくないっていうのもあるし。飲まなければみんないい人たちなのに。あ、でもうちの店では１回も喧嘩ないですよ」

沖縄の高校を卒業して、東京周辺の大学や専門学校に進学したり、就職したりする人の数がどれくらいになるのかは知らないが、はなしを聞いていると、少なくとも５割ぐらいの人は、こっちに来て５～６年のうちに帰ってしまっているようだ。

現在24歳という彼の同級生たちが、高校卒業後東京に来ていたとしたら、そろそろ沖縄に帰りはじめる時期だろう。「友達が帰っちゃうとさみしくなって帰りたくなる」。よく聞くはなしだけど、彼はそんな思いはしなかったのだろうか。

「こっち来て7〜8ヶ月ぐらいは帰りたくってしょうがなかったですよ。ひとつは言葉がしゃべれなかったこと、それとやっぱり友達がいなかったことですね。仕事が忙しいときはいいんですけど、休みの日に友達がいないっていうのがつらかったですね。同級生がひとりだけこっちにいるんですけど、おたがい暇なときはいつも一緒に飲みにいったりはなししたりしてましたね。

沖縄にいたころは、10人ぐらいの仲間でワイワイ騒ぐのが好きだったから、こっちに来て友達ひとりだけってのはさみしいなって。帰りたかったですね。でもこっちの友達が増えて、彼女ができてから変わったかなっていうのがありますね〜。自分の性格がさみしがりやなのかもしれないですね。つねに誰かそばにいないと、つねにしゃべる人がいないとだめっていう。

今になったから言えることですけどね、沖縄はすごく居心地いいんですよ。でも、こっちにきたほうが、厳しい反面、人間的には成長するんじゃないですかね。どんな仕事にかかわらずなにか得るものがあるんじゃないかなぁ」

彼によると、沖縄にいて楽なことは、おおざっぱにまとめると、

①金がかからない　②緊張しないでのんびり暮らせる　③となり近所の人がやさしい

ということになる。沖縄の同世代を見回すと、それほど収入があるわけでもないのに結婚して子

供のいる家庭も珍しくないという。それでもやっていけちゃうのが、沖縄の気楽さ、良さのひとつなんじゃないかと僕は思うんだけど、彼はそれを「甘すぎる!」と敢えて拒否したわけだ。

彼の洋服屋を持ちたいという夢は、服が好きだからという理由だけではなく、将来結婚して子供が生まれたとき、奥さんや子供に苦労させずに生活を送りたいという考えもあるようだ。25歳当時、ぼくはなにを考えてどんな生活を送ってたんだろう? 会社を辞めたばかりで、ライターとしてやっていけるんだろうかなんてちょっと不安だったけど、少なくとも、結婚生活や子供のことなんて、頭の片隅にもなかったような気がするんだけど……。

「今すぐ結婚なんて考えてないですよ。結婚のケの字もないですから。でも、結婚して子供を育てるなら沖縄です。できれば沖縄の人と結婚したいと思ってますけど、沖縄の人みたいにあたたかい心を持った人なら、こっちの人でも外国の人でもいっしょだなぁと。自分に合った人なら、一緒にやってける人ならどこの人でもいいですよ。ただ両親は、沖縄の人じゃないとだめだって言ってますけどね」

30歳まであと5年。ボーイからわずか1年半で幹部にまで昇格してしまった宮平だ。たとえ1000万円の貯金ができたとしても、会社にとっては優秀な人材だ。辞めると言えば、引き止められるのは目にみえている。そうやすやすと沖縄に帰れることはないんじゃないだろうか。また、彼自身もより責任のある仕事をまかされて、沖縄に帰ることよりも、こっちの仕事を選ぶという可能性がなきにしもあらずだ。

「僕はね、沖縄に生まれて、沖縄に育って、本当によかったと思ってるんです。すごいしみじみ思いますね。たとえばこっちにいると、近所付き合いがないじゃないですか。沖縄だったら近所のおじちゃんやおばちゃんがいつも声かけてくれるのに。だから今住んでるアパートでは、大家さんのおばちゃんを『かーちゃん』て呼んでるし、となりの部屋の家族とも仲良しだし。

これはもうね、意識的に仲良くしようっていうよりも、近所付き合いを大事にするっていうのがもう生理的に身についてるんですよね。ヘンに沖縄の肩を持つつもりはないですけど、そういうとこひとつとってみても沖縄はいいですよ。生活をするっていうことを考えると、そういう小さなことって大切じゃないですか。そういうふうに考えると、ずっとこっちに住もうとは思えないですよ。だから、やっぱり帰るでしょうね。会社からは完璧に引き止められるだろうけど、それは譲れないっていう。やっぱり沖縄とこっちは全然別の世界ですから。やっぱり琉球っていう」

1年半の間に、彼が貯めた額は200万弱。30万の給料で、沖縄でならともかく、すべてにおいて物価の高い東京では、もう文句なしにスゴイ！　と絶賛ものだ。彼が目標としている30歳まであと5年。沖縄にオープンする新しい洋服屋はどんな雰囲気の店になるんだろう。なぜか僕はもう確信犯的に、こじんまりとした店で、客に服えらびのアドバイスしている彼の姿が想像できてしまうのだ。Ⓣ

MIYAHIRA Naoki
2001年

夢はまだすてきれん。でも沖縄に帰るんだったら、もっと自分を磨かないといけない。

閉ざされているわけではないのに、まるで知らない世界がある。高校生から大学の4年間を通して、さまざまなアルバイトを経験した。寿司屋の出前持ち、喫茶店のウェイター、古書店店員、新聞輸送、模擬試験監督、アンケート調査員、船員、選挙のポスター貼り、肉屋店員、引っ越し屋、荷物の仕分けなどなど、すぐに思い出すだけでも両手に余る。アルバイトの目的は旅行資金を稼ぐためなので、なるべく時給が高く短期で稼げる職種か、もしくは長期間の休みが許される職場だった。だが、当時もいまも、手っ取り早く稼ぐには水商売がいちばんだろう。アルバイト情報誌をめくってみても、不況にもかかわらず、他業種と比べるとダントツに時給がいいのが水商売だ。

社会人になって、友達や同僚たちと飲みに行く機会が増えた。増えたというより、ほぼ毎日のように飲みに行っていた時期もある。だが、飲みに行くのはいつも居酒屋で、席に座ると女の人が横に座って話し相手をしてくれるような店には、上司に連れていってもらった以外行ったことがない。もっとも人見知りしてしまうぼくには、知らない人が横に座っているだけで緊張するのは目に見えているから、あえて行きたいとも思わないのだが。

1996年、沖縄で畳職人をしていた宮平直樹が東京に来て飛び込んだのは水商売の世界だった。沖縄で洋服屋を開くための資金を稼ぎたいというのが東京に来た目的だ。そのためには手早く稼げる水商売に入って、30歳までに1000万円の貯金をつくる。彼はそんなふうに語っていた。着実に貯金を増やしているであろう彼も、そろそろ30に近い。夢はもうすぐ叶うのだろうか？

ちょっとした期待を胸に、神奈川県川崎市に宮平直樹を訪ねた。

「前に会ってからちょっとしてね、モデルやったんですよ。ファッションショーなんかの。でもダメだったね、歳がみんな16、17、18。あのとき自分が25ぐらいだったから、全然。水商売のほうはいちど辞めて、でもモデルだけじゃとても食べられないから、弁当配達とか水商売の送りのバイトしながら。

現実は厳しかったね、140万くらいあった貯金を1年で全部食いつぶして、さらに借金を50

万作って。給料がないのに、それまでと同じような生活をしてたんだから当然でしょ。そろそろ見切りつけないとヤバイなっていうときに、まえに勤めていた店の社長から店がガタガタだから戻ってきてくれって声かけてもらって」

前回のインタビュー時、宮平は水商売の世界に飛び込んでわずか1年半のあいだに、とんとん拍子に出世して、何軒かの店を任される幹部にまで昇格していた。モデルをやってみたいというはなしはしていたが、年齢的なこともあったし、責任ある立場についたことだし、あきらめたものだとばかり思っていた。

「若かったからね。たまたまキャッチした女の子がモデルで、その子の紹介でモデルの事務所に入って。店ではトップに立ってたわけだから迷ったけど、あとで後悔するのは嫌だから。ある意味ではやってみて良かったんじゃない冒険心があって。ふんぎりもついたし。

店のほうはね、自分が戻って見るようになったら流行るようになったんだよね。いまも川崎でいちばん流行ってるんじゃないかな。店のシステムは40分で4400円。これに女の子の指名とかドリンクとか入れちゃうと1時間で1万円くらいかな。川崎ではちょっと高めの設定かな。でもウチの店だけなんじゃない行列ができるの。だからよその社長が引き抜くに来るよ。ほかにもスポンサーになるから店をやらないかとかね、いろいろはなしがあるんだよね。でもここまで育ててもらったのはウチの社長だから、なんかそういう人情みたいのでいまの会社にいるっていう。条件的には給料で言うと100万円くらい違う。だけれども、100万では動けない自分がいる。

なんでウチの店が流行るのかって言ったら、よそとは内容が違うから。常にお客さんの気持ち、女の子の気持ちをつかまえてないといけないの。お客さんが飲みに来て、楽しいなぁ、時間たつのが早いなぁ、延長しようかなぁって思わせるようなお店づくりしないとお客さんはなかなか集まってこないよね。女の子にしても、こういう接し方すればお客さんも喜ぶからやってごらん、そうしたら君の指名も増えるかもしれないよっていうようなかたちで。

いまね正直言って給料は70万。あと別に社長から小遣い程度で20～30万くらいもらうけど。そのうちの30万貯金して、20万くらいは店長と飲みに行くの。店長を教えないと自分が楽にならないから自腹切ってさ。同業の流行ってる店に行って、どういう状況で営業してるか、女の子にどういう教育をしてるか、そういうのを観察して、いいものは取り入れて、良くないところはああいうふうにしないように気をつけようなぁっていう具合にどんどんやってるの」

すっかりプロフェッショナルになっていた。現在の彼の立場はマネージングディレクター。店の企画から管理、営業に至るまですべてを統括する責任者で、彼に言わせれば社長の右腕ということだ。宮平のはなしを聞いていると、いったいこいつは何歳なのかと思ってしまうのだが、目の前にはそこらへんの兄ちゃんと変わらない彼が座っている。だが、あきらかにどこか以前とは雰囲気が違う。落ち着きがあるというか、風格があるというか、自信にあふれているというか。それはもう資金を稼ぐために水商売をしているというのではなく、どっぷりとその世界に浸りきっていることが容易にうかがえた。

「確かに大人になりすぎてるところがあるかもしれない。これだけ落ち着きが出てるのは慣れがあるし、あとつき合う人がね、50代の社長クラスの人としかつき合わないから。お客さんにもよく言われる。あんたは格好だけみるとチャラチャラしててそこらへんのガキンチョといっしょだけど、でも喋ると据わってるねって。やっぱね、社長クラスの人とはなしてると、得るものが多いんだよね。逆に自分の実にならない人とはつき合おうと思わないね。もう寝てたほうがいい。

ウチの店ではボーイに沖縄の人を優先して採ってるんですよ。こっちの人間と沖縄の人間はやっぱり違う。沖縄の人間が優れているかって言うとそうじゃない、優れていない。だけれどもチームワークがすごくいい。能力のあるこっちの人間を集めると、意見の食い違いで喧嘩しちゃうんですよ。もし店長を嫌いになったら、店長を蹴落とそうとして助けてあげない。自分が店長になるんだっていう勢いで。店にとってそれはマイナス。雰囲気が悪くなるんですね。

それよりかは沖縄の人間集めたほうが、店長が困ってれば助けるし、早く出て女の子スカウトしてくるし、助け合う。スカウトは1日に50名に声かけたとして、月に3人くらい入ってくれればいいほうだね。いま従業員が11名いて、8人が沖縄の人。店長はこっちの人だけど、ウチナーグチ覚えようとしてるもんね。自分もお酒飲んだら方言しかでないから。

言葉っておもしろいなぁと思うのは、標準語で喋ってても相手に伝わらないんだよね。ほんとうに心から伝わるっていうのは、心から方言で喋ってはじめて伝わるんだよね。だから沖縄の人と話すときはいつも方言。やっぱり心で喋って相手を動かさないといけないのかなって思うね。心からわかってもらわないと、納得して動いてもらえないからね。これからの人生、水商売でやっていくのであれば、口先だけじゃなくって顔も心もかっこよく、心からはなしていろんなものを得ていかないとダメだよって教えてるんだよね」

沖縄はやっぱり違うよね。「祖国」って感じだよね

水商売がよっぽど性に合っているのだろうか。仕事のはなしになると目つきまで鋭くなって真剣さが伝わってくる。それでもどこか腑に落ちないものを感じる。もちろん抱いていた夢を誰もが実現できるわけではなく、そして夢も変わっていくということはわかっている。だが、宮平が洋服屋をやりたいという夢は単なる思いつきなどではなく、なんとか食べていけた畳屋を辞め、引き留められると意志がくじけるからと誰にも告げずに、そうしてまで東京に出てきた固い意志だったんじゃないだろうか。それとも、そんな意志さえ変えてしまうほど、水商売の世界は魅力的なのだろうか？

「まだ捨てきれん。でも、いまは自分をもっと磨いて大きくなることを望んでるから。自分で店を持って、それで利益があがったら洋服屋をやってもいいし。そういう考え方もあると思うんだよね。ちびちびちびちび稼いでそれを資金に細々と店やるより、何千万て稼いでそれを資金にドンてやったほうがいいんじゃないのかとか、それとも貿易の免許を取って、海外から自分の好みの服を買い付けてこっちで販売する店がいいのかとか、考えてることはいっぱいあるんだよね。

こうやってある程度、お店がつぶれたとかそういう現実を見ちゃうと慎重になるね。昔は現実を知らないで夢ばっかり見てたから。いけいけどんどんでやってたけど、現実が見えてなかった。

ガキだったなぁと思うもん、わずか4年前なのにな。でも、いまよりも勢いはあったよね。現実を知らないから勢いで生きてたっていうのがあったね。現実を見ちゃうと守りの体制も出ちゃうんだよね。5、6年かかって貯めた金を、夢のためだからってパーンと使って、それではずしてパーにして、また一からってなっちゃうと、ちょっとね。

考えてみると、ある意味では自分という人間が、短い間に急激に変わりすぎたような気がするね。親とか友達が言うね、喋っててもなんか変わったって。だから5年後、10年後、ましてや50代になった自分がどうなってるかなんて想像もつかないね」

はなしを聞いていると、仕事もプライベートも充実していて不満や不安といったものとは無関係なのではないかと思えてくるが、そんなことはないだろう。ましてや接客業の商売ともなれば、かなりのストレスだって抱え込んでいるに違いない。精神的につらくなると、宮平は近所の小さな神社に癒されに行くという。ある時店がうまくいかなくて困りはて、神様にお願いしてみたところ、うまくいってしまったのがクセになるきっかけだったという。

神経質でプライドが高く、部下や上司に相談するわけにもいかない、そんな自分には神頼みしかないというのだ。お参りをしてハトに餌をやって帰るだけの短い時間だが、気持ちにゆとりができて、なぜかとても癒されるのだという。神社が精神安定剤のような役割をはたしているのだろう。そして同じように安らいだ気持ちになれるのが沖縄に帰ったときだという。

「去年沖縄に帰って、どんな状況なのか見てきたの。そうしたら国際通りにしても沖縄市にしてもシャッターが閉まったままの店がすごく多いの。北谷に客取られたこともあるだろうけど、でも、日本でいちばん景気悪いんじゃないかな。それで親なんかとも相談したんだけど、いまは帰ってなにかをする時期じゃないと。時期が悪すぎるね。だからこれから沖縄がどういう状況に変わっていくのかを、こっちにいる間に見極めないといけない。自分は長男だから、絶対に沖縄に住まないといけないの。両親みないといけないから。いまは自分勝手なことできるけど、親がそれなりの歳になったら帰らないといけないから。沖縄に帰るんだったら、大きな会社に入るとか考えるんじゃなくって、自分で店やって自分でやりくりしないといけないから、そういう力を持って帰るためにはもっと自分を磨かないといけないと思うんだよね。こんな景気の悪いときにポーンと帰っても絶対つぶれる。

両親はね、いまだに結婚するなら沖縄の人じゃないとと言っているね。でも、親と結婚するわけじゃなくて俺と結婚するわけなんだから、そんなこと言わないで、俺だってバカじゃないんだから、まともな子とつき合ってるよ、心配するような子とはつき合ってないから安心してとは言ってるんだけどね。でも実際には結婚はわからないね。同級生たちはほぼみんな結婚して、子供も2、3人いるんじゃない。奥さんがいて子供がいてっていう家庭は、ある意味では欲しいかもしれない。でも、もしいまそんなことになったら、いまの自分が伸び悩んで終わっちゃいそう。だから、そういうのは最後の楽しみとしておいておきたいな。ただ、そこにたどり着くまでにまだやりたいことがいっぱいあるからさ。そういうのをやらないと、あとで後悔しそう。親は早く結婚してほしいみたいだけどね。いつまで遊んでるのなんて言われるけど、ごめんね、もうちょっと待ってね、もう少し好きなように生きさせてくれよって言ってるんだけどね。

こっちに来て思うようになったんだけど、やっぱり沖縄は違うなと思うね。ある意味日本じゃなくて別の国だね。ひとつの国って感じで見るね。祖国って感じしちゃう。自分がこっちに出てくるときもそんな覚悟あったもん。外国に出ていくなぁという気持ちしたもん。面白いもん沖縄の人は。こっちで会って沖縄のどこどこ、え、うそとか話したらすぐ友達だもん。そんなのないよよそじゃ。北海道でもどこでもないもん。沖縄だけ独特だよ。

でも沖縄の経済が良くなるのはまだまだかかるね。いまはどんどん悪くなってるようにしかみえない。自分がいたころよりもっと悪くなってるもん。そういうのを見極めて帰るタイミングも考えないといけないなぁと思ってるんだよね」

もらった名刺には、宮平直樹ではなく、なぜか一条直樹と書かれていた。聞いてみると源氏名なのだという。一条直樹と名乗るようになったのには理由があった。立場が上になるにしたがって、素のままの宮平直樹ではとても手に負えず、精神的にもつらくなったというのだ。それならば、仕事場ではいっそのこと別人になりきって、その役を演じきればいいのではないかということで思いついた策だという。いまでは演じようとしなくても、仕事だと意識したとたん、一条直樹という別人格になってしまうという。だからだろうか、インタビューの最中には気づかなかったが、録音したテープを再生してみると、仕事のはなしをしているときと、プライベートや沖縄のことをはなしているときとでは、言葉の選び方も口調も違っていた。どうやらぼくは最初のうち、もっぱら一条直樹とはなしをしていたらしい。一条直樹がいなくなり、宮平直樹が沖縄に帰るのはいつのことだろうか。Ⓣ

沙織（仮名）

Saori
1997年

観光客になりすまして、そっと沖縄のぞいてみようかな。

ちかごろ、テレビを見ていると必ずといっていいほど、沖縄出身の4人組グループ〝SPEED〟が出演しているコマーシャルに出くわす。で、そのSPEEDのメンバーに、新垣なんとかちゃんというのがいるらしい。みんなからだをクネクネして踊っていて、どれが新垣なんとかちゃんなのかは知らないが、まぁ、とにかくいるのだそうだ。

新垣なんていう名字は、沖縄ではありふれたものなんだけど、内地ではまれ。初対面の人は、なかなか正しく読んでくれない。「にいがき」「あたらがき」なんていう調子。いちどなんか、電話で取材をしていて、後日資料を郵送してもらったら、宛名が「荒巻」なんてシャケにされてしまったこともあった。ところが最近、ちょっと事情が変わってきつつある。ちゃんと「あらかき」と読んでくれる人が増えてきたのだ。SPEEDのおかげらしい。事情が変わりすぎて、「SPEEDの新垣さんは親戚ですか？」なんてトンチンカンなことを聞かれたときはビックリしたけど。

なんでこんなはなしをしたかというと、SPEEDや安室奈美恵を筆頭に、芸能界では沖縄ブランドが流行りのようで、その流行りは芸能界を飛び出して、よその世界にも影響をあたえているみたいなのだ。よその世界とは、いわゆる風俗業界のこと。5年ほどまえに知り合った沖縄出身の女の子が、昨年から新宿の風俗店で働きはじめた。

はじめて彼女、沙織ちゃんに会ったのは、その頃ぼくが住んでいた杉並区高円寺の居酒屋で、彼女は当時、18歳の専門学校生だった。昼間は学校に通い、夜は居酒屋でアルバイト。ほとんどメニューと呼べるものがなかった店に、チャンプルーが新たに加わり、けっこう評判もよかったみたいだ。

「あの頃はホントなにも知らなかったから。東京にきて働けば、沖縄にいるよりはお金持ちになれると信じきってたから。だって小さい頃、まだ沖縄にいたころね、近所のねーねーが東京で働いてて、お正月に帰ってくるといつもおみやげいっぱい。そういうの見てたからね、大きくなったら東京に行くって決めてたの。わたしの場合、行くなっていう人もいなかったし」

彼女の実家はちょっと複雑で、両親は彼女が物心つくまえに離婚。父親には会ったことがない。小学校まで母親とふたりで暮らしていたが、母親が再婚したのをきっかけに、自分の意志で父方の祖父母のところに身をよせた。母親はその後、義理の妹と弟を生んだが、沖縄にいる頃からほとんど交流がない。

中学校を卒業するころ、彼女は東京行きを祖父母に訴えたが、せめて高校まではと泣いて頼まれ、「あと3年の我慢」と自分に言い聞かせてしぶしぶ高校に通うことにした。

「でもね、高校もそれなりに楽しかったから。勉強はほとんどしなかったけど、友達と会うのがね。本当は退学して東京に行っちゃおうかとも思ったけど、じーちゃんやばーちゃんがかわいそうで。だからせめて3年間だけはと思ってサボリもあんまりしなかったから」

なんでそんなに東京に来たかったの？　そんな単純な質問に、彼女はちょっと悩んでから答え始めた。

「なんでだったんだろう。もしかしたら、東京じゃなくても本当はよかったのかもしれない。大阪とかでも。ただ、もう自分をとりまいてる環境が嫌いだったから。うちはあんまりお金がなくて、服も買えなかったし、みんなで飲みに行こうなんて言っても行かれなかったし。じーちゃんやばーちゃんは優しかったけど、でもやっぱり親とは違うから。いま考えると、そのほかにもいっぱいコンプレックスがあって、それから開放されたかったっていうのがいちばんで、そのために沖縄じゃないところに行きたかったんだと思う」

　彼女は居酒屋のバイトを、1年ぐらいして辞めてしまい、その後はときどき客として、その居酒屋で偶然顔をあわせるくらいだった。

「学費とかも自分でバイトして払ってたから。居酒屋だけじゃとてもやっていけなくて、バイトをかけもちでやってたんだけど、授業料を滞納して、学校やめちゃって。それからはアルバイトひとすじ。いろんなのやったよ。コンビニでしょ、喫茶店でしょ、道路工事の交通整理でしょ、古本屋に、アンケート調査員に、あとなにやったかな、雑貨屋の店員もやったし、フィットネスクラブの受付とか。もうね、毎週のようにアルバイト情報誌買ってたから。少しでも条件のいいバイトをしたかったから。もういっかいちゃんとお金ためて、学校に行こうと思ってたから。

　こっちに、東京に来たときにね、もう沖縄にはぜったい帰らないって決めてたの。だって帰ったっている場所ないし。だからこっちで学校出て、ちゃんと就職しないとやばいなと思って。高卒で、しかも地方出身で、東京には身元を保証してくれる人がいないっていうんじゃまともな就職できないよ。ちょっと東京に住んでみて、沖縄に帰るっていうんならバイトだけしててもいいかもしれないけど。私の場合は、ちょっとね。いま考えると大袈裟なんだけど、自分の人生がかかってるみたいに思ってたから」

　沖縄にはぜったいに帰らない。ほんとうにそのとおり、彼女はただの一度も沖縄へは戻っていない。それどころか、居酒屋で会ったときでも、彼女の方から沖縄のはなしをしてくることはなかった。彼女は沖縄が嫌いなのかもしれない。ぼくはずっとそんなふうに思っていた。その後、何度か居酒屋で顔をあわせたが、彼女は朝から晩までバイトが忙しくて、学校に通い始めたというはなしは聞かなかった。

当時彼女と、どんなはなしをしていたのか詳しく覚えていないが、6畳一間風呂なし共同トイレのアパートから、風呂トイレ付きのワンルームに引っ越したとか、バイト先にかっこいい人がいるとか、ディズニーランドに行ってきたとか、そんな他愛ないことばかりだったような気がする。

もう沖縄に恨みもなんにもない。帰ろうって気はないけど懐かしい

その後、ぼくは高円寺から別の町に引越し、その居酒屋へも自然と足が遠のいてしまい、彼女ともすっかり顔をあわせなくなってしまった。ときどきふと思い出しても、まぁ彼女のことだから、バイト生活に明け暮れてるんだろうぐらいにしか思っていなかった。ところが今年の8月、久しぶりに高円寺にでかけ、例の居酒屋に行ってみると、彼女はひとりカウンターでビールを飲んでいた。パット見たところ、彼女はなんもかわっていない。久しぶりに乾杯して、久しぶりにゆっくりとはなしをした。

「わたしね、すごく考え方が変わったみたい。沖縄にももうなんにも恨みないし。っていうより、

もともと沖縄に恨みなんてないんだよね。なんか自分で勘違いしてたみたいなとこがあるから。子供の頃にいた環境が嫌だっただけで、それはべつに沖縄が嫌だったんじゃないんだよ。もしわたしが東京で生まれてて、それでやっぱり同じような体験してたら、きっと東京からいなくなりたかったと思う。そういうふうに考えるようになったら、逆に沖縄がすごく身近になったから。

別に隠したことはないけど、自分のなかの沖縄をなるべく出さないようにしてたところがあったから。でも、それって違ってたんだよ。わたしは沖縄の人間ですっていまなら言うもん。週刊誌とか見てるとさ、けっこう少年犯罪とか多いじゃない。生い立ちとかみると、両親が離婚してるとかさ、貧乏してたとかさ、それだけじゃないけど、自分に思い当たるふしがあるわけ。でも、なんでわたしはだいじょうぶだったのかなーと思うと、やっぱりまわりの環境だったんじゃないかなー。東京にいてすごく感じるのが、近所の人がすごく無関心。わたしがなにやってるのかなにも知らないもん。沖縄にいた頃はわずらわしかったけど、近所の人が会えば声かけてきてすごく身近だったでしょ。なかなか悪いことできるような環境じゃなかったもん。そういうことひとつ考えても、沖縄ってよかったなーなんて思ってるの」

なんだかしばらく会わないうちに、ずいぶんと変わったみたいだ。柔らかくなったというか、とっつきやすくなったというか…。彼女だけではなく、沖縄から東京に来たばかりの人からは、「沖縄には帰らないかもしれない」なんていう言葉をよく聞く。ところが、何年かすると、「やっぱり沖縄の方が…」に変っていくことが多いようだ。彼女もやっぱり、沖縄の根っこが気になりだしたのだろうか?

「うーん、でもね沖縄が懐かしいとは思うけど、やっぱり帰りたくないいな。5年後、10年後はわかんないけど。最近ね、すごく東京が楽しいから。

わたしね、とりあえず学校行くのあきらめたから。なんかねーあせってあせって学校行かなくちゃって思ってたけど、せっかく東京に来てアルバイトばっかりしてて、なにやってんだろうって。就職するために学校行こうと思ってたけど、その学校に行くためにもすごく働かなくちゃいけないなんて。バイト先で仲良くなった友達なんて、バイト代はほとんど遊びに使っちゃってるんだよ。すごくうらやましい。

なんかそういうの見てたら、自分でもまずいかなーとは思いながらもついつい一緒に遊んじゃって。最初の頃は学費用に貯金してたからなんとかなってたんだけど、まだいいかなーまだいいかなーなんて遊んでたら本当にお金がなくなっちゃった。洋服買ったり、アクセサリー買ったり、みんなで旅行行ったり。お金って貯めるのは時間かかるけど、なくなるのは早いから。いちどそういう楽しみ覚えちゃうと、なかなか元に戻れないのね。それでね、わたしいま、新宿で風俗の店で働き始めたの。去年から」

どういうことなんだろう？　最初、彼女にとって生まれ育った沖縄は、恨みの対象だったはずだ。その沖縄からのがれるために東京に来て、沖縄を見返すためにバイト代を貯めて学校に通い、就職のことまで考えていた。ところが沖縄への恨みが見当違いだったと気づいてしまったら、自分の生活がガラガラと崩れてしまった。すごく乱暴なあらすじだけど、そういうことになるのだろう。

「知らないだろうけどさ、沖縄出身の女の子っていま人気あるから。安室ちゃんとかの人気のせいなんだけど、風俗関係ではいまけっこうすごいかもしれない。沖縄出身の子が少ないっていう希少価値もあるんだけど、顔つきが違うしね。あたしの知り合いなんか、ぜんぜん沖縄じゃないのに、沖縄出身でアクターズスクールに通ってたことがあるなんて言ってる子もいて、その子けっこう指名入るんだよね。

仕事はね、楽じゃないけど、ほかのバイトと比べたら、比べられないくらいお金はいいし。嫌なこともすごくあるけど、もう仕事だって割り切っちゃえば我慢もできるから。でもときどきね、沖縄のじーちゃんとかばーちゃん思い出すと、こんなことしてるなんて思ってもいないだろうなー、顔あわせられないなーって思う。

この仕事始めたときは、3ヶ月ぐらいやってお金貯まったらすぐ辞めるつもりだったんだけど、なんかしらないうちにズルズルって感じで。もう23歳だし、いつまでもこんなことしてたら、本当にどっぷり漬かっちゃいそうでちょっと怖いから。

この仕事辞めたらね、バイトで仲良くなった友達とかと、沖縄に行こうかと思ってるの。みんなね、沖縄に行きたい行きたいって言ってて、じゃあわたしが案内してあげるって。それはけっこう楽しみ。なんかイナカに帰るっていう感覚じゃなくて、南の島に遊びに行くって感じ。リゾートホテルに泊まって、国際通りで買い物して、ガイドブックに出てるようなお店で食事して…。もう完全な観光客になっちゃおう。帰ろうって気にはなれないけど、やっぱり自分の生まれた島だから懐かしいし。とりあえず観光客になりすまして、そっとのぞいてこようかなーなんてね」

沙　織

彼女のはなしを聞きながら、そんな仕事は辞めなよとか、やっぱり学校は行った方がいいんじゃないなんてたぐいの、オトナの意見はひとことも言えなかった。だってそんなことは彼女だって百も二百も千も承知のはずだから。ぼくはただうんうんうなずきながら、はなしを聞いているだけだった。

こうやって文字にするとわからないんだけど、彼女はいつも明るい。実家のはなしや、仕事のはなしをしてるときでも明るい。投げやりに明るくしてるんじゃなく、ヘンな言い方かもしれないけど正しく明るい。だから、はなしを聞いてビックリしたけど、でも妙な安心感がある。まぁ彼女ならいずれもう一回頑張ろうって思うときが来るんじゃないかなって。

ちなみに本名は、彼女の希望で出しませんでした。

Ⓣ

第 V 章

わたしね、沖縄にいる友達が、宝なんですよ。

豊島律子

TOYOSHIMA Rituko

1998年

わたしね、
沖縄にいる友達が、宝なんですよ。

それまで住んでいた東京から、千葉県の銚子市に移り住んだとき、「なぜ銚子なんかに引っ込むのか?」という質問を、会う人ごとに浴びせられた。

理由① 東京はわさわさしすぎで好きではないから

理由② 東京は遊んだり仕事をしたりするにはいいところだけど、生活する場所ではないと思ったから

理由③ 海や川が近くいつでも釣りができるから

理由④　銚子は雪が降らずに暖かいから

どれも本当なのだが、逆にどれもこれだ！　という決定打ではない。正直なところ、東京以外で、海が近くて、比較的人口の少ない町であれば、銚子でなくともかまわなかったのだ。だからぼくは、この先一生銚子に居続けようという強い意志もなければ、いずれは出ていくに違いないという確信も持てない。

考えてみると、これってかなり不幸なことなんじゃないだろうか？　だって自分のいるべき場所を見つけられずにいるってことなんだから。沖縄から一族そろって出てきてしまったぼくにとって、親戚や友達がどんなに歓迎してくれても、沖縄は遊びにいくところではあっても、帰るところではない。かといって、いちばん慣れ親しんでいるはずの東京は好きじゃないときている。これはかなり困ったもんだいだ。

実はこんなことを考えるようになったのはごく最近のことで、なんだか自分が根無し草のようでかわいそうに思えてきたのだ。ところが、沖縄から東京に来ている人たちを見ていると、体はこっちにありながらも、根っこはちゃんと沖縄にはっているんだなあと思わせる人が少なくない。もちろんなかにはブチッと根が切れてしまったような人もいたりするんだけど、それは横に置いといて、根っこを持っているということはとてもうらやましい。そして、今回出会った豊島律子も、沖縄にしっかりと根を残しているような人だった。

豊島が最初に東京に来たのは14年まえのこと。沖縄で短大を卒業した彼女は上京し、コンピュータ会社に就職する。ところが2年後、どうしようもないほどのホームシックに陥り、彼女はサッサと沖縄に戻ってしまう。

「その当時は仕事もあまり楽しくなかったっていうのもあるんですけど、もうとにかく帰りたくって帰りたくってしょうがなかったんですよ。自分には東京があわないって感じたんです。なんか沖縄出身であることを隠すような気持ちもあって、あんまり友達もできなかったし。それで結局沖縄の子たちだけで固まるようになっちゃって、そのなかでもわたしがいちばん先に帰っちゃったんです。

沖縄に帰ってからは化粧品会社に就職したんですけど、それでもなんか心のどこかで、東京でやり残したことがあるような気がずっとしてたんです。4年間働いて26歳になって、年齢的にも落ち着いてみると、やっぱり沖縄じゃ物足りないような気がしてきて。ちょうどそのとき兄弟が転勤で東京に出ていたんで、それでもう一度だけ東京で頑張ってみようと思ってこっちに来たのが、もう8年も前になるんですねぇ」

人材派遣会社に登録した彼女は、コンピュータを操作できるという特技を活かし、10年のあいだにインターネットのプロバイダ会社やソフト開発の会社など、いくつかの職場で働いてきた。現在は、コンピュータの操作法やトラブルなどに電話で応対する仕事に就いて1年になる。

コンピュータ関連の仕事といえば、専門的な知識の要求される職種だが、豊島は専門学校などで本格的に勉強をしたわけではない。学校に通うお金がなかったというのがいちばんの原因らしいが、派遣先の会社で新たな知識が必要になると、その都度参考書を買い求め、すべて独学で学んだ知識だ。パソコンのマニュアルすらよく理解できないぼくには、とてもまねのできない芸当だ。

「派遣ていうのはいろいろ考え方があると思うんです。与えられた仕事をいっしょうけんめいこなすっていうことも大事だと思うんですけど、わたしはもっといろんなことを自分の身にしたいっていう気持ちがあるんですよ。だから派遣ていう立場をうまく使って、ひとつの仕事を覚えて身につけられたら、次はこういうことを学べる職場に行ってみたいっていうのが可能なんです。

そうしていろんな知識を得ていくうちに、一生続けられる仕事を見つけられたらいいなぁと思ってるんです。いまはまだいろいろチャンスももらえる年齢ですけど、そのうちやっぱり仕事は減ってくると思うんです。そうなったときにどうしようかっていうのを、そろそろ考えないといけないなと思ってるんですけどね」

一生続けられる仕事。豊島がおぼろげながら考えていることに、おじいちゃんやおばあちゃん、そして子供たちを対象にした小さなパソコン教室を開きたいというものがある。難しい知識を教えるのではなく、パソコンの楽しみを初心者に知ってもらおうというもの。だが将来、そのパソコン教室が開かれる場所が沖縄でなのか、それとも東京でなのか、それは彼女にもまったくまだ見えていないそうだ。

沖縄っていいな〜で終わっちゃうから、いつまでたっても帰れない

今年、豊島は旧正月にあわせて、沖縄に帰った。家族や幼なじみ、高校時代の友達と久しぶりに会って、ずいぶんと楽しく過ごしたらしい。ところが、高校時代の友達にドキッとするような

一言を言われたそうだ。

「『いつもニコニコ笑ってた子が、どうして笑わなくなっちゃったの？』って言われたのがすごいショックで。そう言われてみたら、最近あんまり笑わなくなったなって自分でも感じたんです。仕事はすごく充実してるのかもしれないけど、本来の自分の明るい面とかがどんどん押さえられちゃってるみたいで。

わたし職場ではものすごくまじめで通ってるんです。もう眉間にしわ寄せてガーってやっちゃうみたいな。だからごくたまに職場のみんなで飲みに行くと『豊島さんてこんなににぎやかな人だったの？』って驚かれるくらいに。

どうしてだろうって考えてみると、最初に沖縄から来たときと違って、沖縄の知り合いがほとんどいないんですよ。しかも東京って本当の友達ができにくいところのような気がするんです。いろんなところからいろんな人が東京に集まってて、それはそれでおもしろいんだけど、人間のつながりが希薄っていうか。いつも張りつめた状態っていうか。だから、仲間っていう感じの人はいっぱいいるんだけど、友達っていうと少ないかもしれないですね。

それだからかな、沖縄に帰るとすごくほっとするんですよ。飛行機から降りて空気を吸った瞬間に本当にほっとする。それで、このほっとする感覚っていうのはなんなのかなぁって思うんだけど、わかんないんだよね。それがわかったときに自分の居場所がみつかるんだろうなって思うんだけど、まだわかんない。

だけどこないだ旧正月に帰ったときにほっとして、そのほっとした瞬間に『ここなのかもしれない』って感じたんですよ。それがいま自分のなかで葛藤してること。でもどういうふうに歳をとって行こうかとか、将来のことを考えるようになったのは最近かな」

豊島が将来のことを考えるようになったきっかけのひとつに交通事故がある。それは一昨年、オートバイに乗って信号待ちをしていた彼女に、免許をとりたての乗用車が猛スピードで突っ込んできたのだ。乗用車はそのまま逃走し、その後、スピード違反・信号無視・ひき逃げで検挙されている。

ところがだ、悪運が強いのか、体が頑丈なのか、豊島は軽いむち打ちのみでほとんど無傷だった。本人はぶつけられて体が飛ばされた瞬間を今でも覚えている。いろんなことが頭を巡り、『あ、これは死ぬな』と思ったのだそうだ。事故の後、なんとなく体力も気力もすぐれず、沖縄に戻っていた彼女はユタに見てもらっている。どうやらマブイを落としているということがわかり、さっそくマブヤーグミをしてもらうと、本当に体調も気力も戻り、仕事をしたいという意欲が出てきたという。

コンピュータという、いわば時代の先端を行くような仕事をしていながらも、彼女はその一方でユタとかマブヤーグミといったものをごく当たり前のように受け入れている。その感覚っていうのはたぶん、沖縄以外の人には伝わりにくい部分なのかもしれない。ユタのような存在は沖縄以外にはない。強いて上げれば恐山のイタコかなとも思うけど、青森の人がごく当たり前のように口寄せをしてもらっているというはなしは聞かない。これもまた沖縄が育ててきた土壌なのだろうか。

豊島のはなしを聞いていると、東京に暮らしていながらも、沖縄という土壌にいかにしっかりと根を張っているかが伝わってくる。むしろその根は、沖縄を離れてからも着実に深く入り込んでいるんじゃないだろうか。

「東京に長く住んでると、沖縄を見る目がすごく変わりました。うちの両親は方言をつかわないんで、わたしウチナーグチしゃべれないんですよ。それがいまになってすごくしゃべれるようになりたいと思うし、民謡も覚えたい、三線もひけるようになりたい。三線の音色がすごくなつかしくって。沖縄の古典的なものをすごく習いたいっていう気持ちが強いんですよ。インターネットで調べてみたら、東京にもいくつか教えてくれるところがあるんですよね。

客観的に自分を見てみると、沖縄にいたころはそういうことは勉強しようともしないで、いったいなにをしていたんだろうって思う。もっと早くから興味を持ってればよかったたって。だんだんだん沖縄を思う気持ちっていうのが強くなってるみたいで、こないだ天気予報を見てたら涙がでてきちゃった。天気予報に沖縄の風景がずっと流れてたからなんだけど、やっぱり沖縄はいいな〜と思って。でも、いいな〜で終わっちゃうから、いつまでたっても帰れないんですよね〜。

わたしね、沖縄にいる友達が宝なんですよ。帰るよっていうと、会社を休んでまで会いに来てくれるし、名護からも子供をダンナさんにおねがいしてクルマを飛ばして飛んできてくれるし。そういう友達がわたしの自慢なんです。だからわたしの根っこは、どこに住んでいたとしても確実に沖縄にあると思うんだけど、でもまだ自分の居場所を見つけきれない。居場所っていうのは働いて、お金を稼いで、あるていど余裕のある生活できるところなのかな。だから、やりたい仕事が沖縄にあれば、帰るのかもしれませんね」

豊島のはなしを聞いたのは、彼女のバイク仲間でもあるご夫婦が開いている「うち田」という飲み屋さんだった。どうやら時折現れては、閉店まで居座っているらしい。お酒を飲んで、はなしをしている豊島さんは、とにかく明るくって、眉間にしわを寄せて働いている姿なんて、とてもじゃないが想像できなかった。

人が自分の居場所を定めるとき、いちばん大切な条件ていうのはなんなんだろう。たしかに仕事の占める割合も大きいだろうけれども、でもそれだけでは決められないような気がする。

この先、豊島が沖縄に帰るのか、それとも東京で暮らしていくのか、それは本人すらもわかっていないようだ。でも、豊島の場合、たとえどこにいたとしても、ウチナーンチュであり続けるような気がする。Ⓣ

TOYOSHIMA Rituko
2001年

来年いよいよ沖縄に帰ろうかなと思って。ちょっと結婚しようかなと。

初対面の印象と、はなしをしてからの印象が違うのは、それほど珍しいことではないが、彼女ほど印象が変わった人はなかなかいない。ぜったい大きなネコかぶっていたはず。

この取材に限らず、長時間のインタビューは、時間が許されるのであれば、夜、酒を飲みながらゆっくりと、というスタイルをとっている。相手にリラックスしてもらいたいのと、ぼく自身が緊張してしまうので、酒を飲んで緊張をごまかしたいというふたつの理由がある。単に酒が好きなだけなじゃないか、と言われると、まったく反論できないんだけど。

1999年冬、豊島律子と待ち合わせたのは職場に近いJR駅の改札口だった。うつむき加減でおとなしそうで、話してもらえるのか不安を感じたものだ。いつものように、「じゃあ酒でも飲みながら」というと、「わたし、お酒飲めないんです」ときたもんだ。仕方がない、今回は喫茶店でコーヒーでも飲みながらかと思っていると、ちょっとしか飲めないが知っている店があるという。そして案内されたのが御徒町にある「うち田」という居酒屋だった。

なんのことはない。じつは彼女はお酒が大好きで、「うち田」の常連客兼忙しいときの臨時従業員だったのだ。しかも賑やかでコロコロと笑いながらよく喋る喋る。ものすごく大きなネコをかぶっていたはず。

そして2001年6月、彼女が案内してくれたのは、自宅のある錦糸町駅に近い、泡盛も飲める居酒屋だった。

「いまの仕事はコンピュータの社内ヘルプデスクっていって、ひとつの会社内で構築されたコンピュータシステムの操作法やトラブルなんかを電話で応対して処理する部署での仕事。パソコンや携帯電話で使い方がわからなかったりするとユーザーサポートセンターみたいなところに電話して聞くでしょ、あれの社内版ていう感じ。まえにはなしたときと同じところなんですけど、人の入れ替わりが激しくて、派遣で入って4年半になるんだけどわたしがいちばん古いんですよ。ストレスのたまる仕事だから、精神的にすごくハードだよね。

わたしたちが対応しなくちゃいけないパソコンが8000台あるのよ。っていうことはユーザーが少なく見積もっても8000人はいるっていうことじゃない。その人たちに電源入れてから終了するまでの全部のことを面倒みてあげなくちゃいけないの。操作法を指導するだけじゃなくて、時には『こんなシステムじゃ仕事にならないじゃん』みたいなクレームも全部受けなくちゃいけない。大変なんだけど、『ありがとう』とか『助かりました』とか言ってもらえるとすごく報われた気持ちになるんですよ。

わたしは派遣でいまの会社に勤めているんですけど、その会社の人たちがすごく好きなんですよ。普段は電話でしか対応していないんだけど、ときどきいっしょに飲みに行くのに誘ってもらったりして。すごくいいお付き合いさせてもらってるんだけど、若い人たちが一生懸命に仕事してる会社で。そういう人たちが好きなもんだから、仕事でも言われたことをやるだけじゃなくてもっとああしたほうがいいんじゃないかとか、人が電話の対応しているのを見ても、そういうやり方じゃ絶対クレームくるよなとか、すごく気にかかって。

だから眉間にしわを寄せて仕事してるんだけど、そうすると『一生懸命になりすぎるところがある』なんて指摘されて。でもね一生懸命やって悪いことないじゃないって思うわけ。たぶんわたしたちの世代ならそういうふうに思うんだろうけど、言われた仕事だけを適当にこなして、あとは自分さえよければいいっていう人が多いのよ、最近。

電話をかけてきた人に対しても、『あいつうるせえな』とか『こんなこともわかんないのかよ』とか独り言の文句がすごく多いのよ。でもこの仕事ってはけ口がないから独り言でも言ってないとやってられないっていうのはわかるんだけど、みんながそれをやってたら職場の雰囲気がすごく悪くなるわけじゃない。だからわたしはそういうことは絶対口にしないし、なんとかいい方向に持っていこう持っていこうとしても、メンバーにそういう気持ちがないもんだから変わりそうもないし。

自信過剰かもしれないけど、4年目にしてすごく自分に自信が持てるようになったの。隅から隅まで目が届いてかゆいところにすぐ手が届くような状態になれて。仕事は言われたことだけじゃなく自分で考えてこなしてるし、その結果としての信頼はある程度得ていると思ってるし。なんだけど、すごくショックなこと言われて。上司に『こういうふうに工夫したほうがいいんじゃないですか』って言ったら、『うんうんそうですね』って聞くわけ。ところがわたしのいないところで、いろいろ批判を言ってるらしいの。出る杭は打つで、いろいろ文句を言うからあいつは困るんだみたいな言い方で。でもそのいっぽうではわたしがいちばん古いもんだから、新人の教育係とか資料作成なんかもまかされて。別に忙しいのは嫌いじゃないのよ、陰で文句を言われるっていうことがすごいショックで、しかも上司に。

そういうのが我慢できないんだったら辞めるっていう手もあるんだけど、例えばよ、ここで辞めたら言われることが目に見えているのよ。『豊島さんはこの仕事が嫌いで辞めた』って。絶対言うと思うのね、それは口惜しいじゃない。それに自分でいま続けてる仕事を中途半端で終わらせたくないし。だから正直言ってほんとうに辞めようかとも思ったんだけど、少なくても来年までは頑張ってみることにしようと。っていうのはね、来年いよいよ沖縄に帰ろうかなと思って。いよいよちょっと結婚しようかなと」

沖縄に帰るとなると、いろいろ夢がふくらんできちゃって

人柄とか性格などを、出身県別に分類した「県民性」というものがある。どこまであてになる

ものなのかは置いといて、どんな本を見ても、沖縄県民の特性として真っ先に登場するのは「テーゲー」だろう。この言葉、本来は悪いことばかりではないと思うのだが、沖縄以外でこの言葉が使われる場合、悪い面ばかりがクローズアップされて理解されている。適当で時間にルーズで何事もほどほどでいい加減。こう言っちゃあなんだが、仕事をするうえではいちばん信用されないタイプだ。正直に告白すれば、ぼくはかなりの「テーゲー」主義者だ。いや、ある面では「テーゲー」なんて通り越して、ただのなまけものの域にまで達している。

できることならば興味のある仕事だけして、あとはなんにもしないで一日中寝転がって本を読んでいたいし、自分から仕事を探して率先してやるなんてことはまずない。仕事というのはなにも賃金がともなうことばかりでなく、部屋の掃除や布団の上げ下ろし、炊事洗濯といった家事全般も大事な仕事だ。そんなことくらいは百も承知なのだが、できることなら関わらずにいたいというのが本心なのだ。だから彼女のように、いくら好きな会社のためとはいえ、自分から仕事を探して率先してそれを行うなんていう行為には、ただただ頭を下げるしか能がない。

豊島の仕事に対する姿勢や考え方を聞いている限りでは、「テーゲー」感覚はどこにもない。妥協してもよさそうなところでもキッチリと確実に、いやそれ以上のことをこなしている。それは会社が好きだという理由も大きいのだろうが、自分がこれまでに培ってきた仕事に対する能力を最大限に引き出し、そしてさらに自分を向上させたいという思いがあるのだろう。派遣という立場についての考え方を彼女は以前こんなふうに語っている。

「派遣ていうのはいろいろ考え方があると思うんです。与えられた仕事を一生懸命こなすっていうことも大事だと思うんですけど、わたしはもっといろんなことを自分の身にしたいっていう気持ちがあるんですよ。だから派遣ていう立場をうまく使って、ひとつの仕事を覚えて身につけられたら、次はこういうことを学べる職場に行ってみたいっていうのが可能なんです。
そうしていろんな知識を得ていくうちに、一生続けられる仕事を見つけられたらいいなぁと思ってるんです」

沖縄から東京に来ての15年間、豊島の核になっていたのは常に「仕事」だったのだと思う。もちろん生活していくために「仕事」をするわけだが、彼女の場合はそれにプラスして自分を次のステップに引き上げたいという思いがある。それはいずれ沖縄に帰ったとき、会社に勤めるのではなく、個人的に、フリーの立場で仕事をしていきたいという目的があるからだ。そしていよいよその時が来た。豊島は結婚を機に沖縄に帰る。と言っても、相手は沖縄の人ではない。しかも沖縄への移住は豊島の希望ではなく、相手の希望だという。

「若い頃に沖縄で暮らしたこともある人で、沖縄のことがものすごく好きな人なんですよ。仕事は自分でビルメンテナンスの会社を経営しているので、しばらくは沖縄に行っても東京と行ったり来たりの生活になると思うけど。
いずれは沖縄でビルメンテナンスの仕事をとは言ってるんですけど、でもねぇ。ホテルとかデパートとか県庁とか、そういう大きなビルじゃないとメンテナンスにお金かけるとこないじゃない。景気悪いところに持ってきて沖縄はさらに景気が良くないから。ビルメンテナンスなんて真っ先に経費削減の対象になるから簡単にはいかないと思ってるけど。

たぶんね、向こうに帰ったら宜野湾の大謝名あたりに住むんじゃないかな。なんでだと思う？　なんかねぇ外人住宅が好きらしいんですよ。若い頃に沖縄で外人住宅に住んでたらしいの。よくいるじゃない、ナイチャーが来てビーチでバイトしてっていう。そんな感じだったみたい。

でも考えてみたら、東京にきてからの15年間でほんといろんなこと体験してきたなぁと思う。友達なんかは『いいねぇ好きなことばっかりしてて』なんていうけど、でもね自分ではまだ足りない気がしてる。あっという間の15年間だった。ほんとあっという間だよ。どう自分が転がるのか全然先が見えなかったけど、常に仕事の面では絶対にレベルダウンしたくないっていう絶対条件があって、転職するときでもいまの自分になにかプラスできる仕事っていうふうに考えてきたから、それだけ頑張ることはできたと思う。

ホント言うとね、働くのが好きなわけじゃないのよ。働きたくないんだけど、正直に言うと家事が嫌いなの。ご飯作ったり、掃除したり、子供連れ出したりっていうのが好きじゃないの。働かないで家にいるっていうことは、誰かに養ってもらわなくちゃいけないいわけじゃない。そうしたらどうしても家事をしなくちゃいけないじゃない、それが嫌なの。だから働いてるっていう。結婚しても仕事はなにかしら続けていくつもりではいるんだけど、子供ができたらどうなるのかな？　だけど子供が生まれても仕事をしてればある程度の役割分担は必要でしょ。で、結局それを理解してくれてる人だから結婚を決めたわけなんだけど。

なんかね沖縄に帰るとなるといろいろ夢がふくらんできちゃって。あんなこともできるかな、こんな仕事もできるかなって。でも帰っていちばんやりたいのはふたりが住む空間を確保して、自分たちなりのレイアウトをして、自分たちなりの空間を作りたいっていうだけ。仕事のことは二の次で、なんか見つかるだろうって。まず落ち着いて、地に足をつけて生活するのがいちばんかな。

本当のことを言えば、わたしはまだ帰らなくてもいいんだけど、会社のなかでのストレスとか、人間関係のいざこざなんかを彼が心配してくれて、早く帰った方がいいと思ってくれているみたいで、そのへんはすごくありがたい。うちの親も兄弟も沖縄に帰ってくれれば精神的にも落ち着くよって言ってくれるんだけど、なんかね、まだやり残しがあるような気がして。

東京に出て忙しくするのを選んだのもわたしだし、そういう道を選んだのは自分だし。だけどこれまでわたしがやってきた仕事っていうのは、どちらかと言えば与えられた仕事をいかに効率よくこなすかにかかっているようなところがあって、自分でなにかをやり遂げて得られる達成感がなかった。だから沖縄に帰ったら、そんなにいっぱい稼げなくてもいいから、自分で満足できるようなそんな仕事をしてみたいと思ってるんです。東京での経験をどう活かせるのか、自分でもすごい楽しみです」

ようやっと自分の居場所を見つけたのかもしれない、と思った。豊島にとって東京での生活は、仕事も含めて、いつも「ここじゃないどこか」「いまのままじゃない自分」を探し続ける日々だったのだろう。そしてフルスピードで走り続けた東京暮らしのなかで彼女が見つけたものは、仕事に対しての自信と、そして「ここじゃないどこか」の答え、沖縄だった。15年の道草と言う人もいるかもしれない。でも、道草してこそみつけられるものだっていっぱいあるはずだ。いっぱい見つけたものを抱え込んで、彼女は沖縄に帰っていくのだろう。

居酒屋で泡盛を飲みながらはなしをしていると、なんだか昔からの友達と飲んでいるような気分になってきた。それは初対面の印象と違い、人なつっこくって、結構おしゃべりで、それに加えて年齢が近いということもある。同世代の共感ていうんだろうか。彼女が沖縄に戻り、住み家が決まったらメールをもらうことになっている。沖縄に行って会いたい友人がまたひとり増えた。Ⓣ

豊島律子

奥間　剛（仮名）

OKUMA Tsuyoshi

１９９４年

本当は帰りたくても帰れない人、多いと思うよ。

浦添出身の奥間剛（仮名）と出会ったのは、杉並区阿佐谷にある『エプロン』という居酒屋だった。店の奥まったところにあるカウンターで、店の常連らしい人たちが数人、なにやら楽しそうに声を上げているなか、ひときわ大声で気勢をあげているのが奥間だった。

大リーグに行ったピッチャーの伊良部をスマートにしたような奥間はビールを片手にご機嫌さんで酔っぱらっていて、ちゃんと通じているのかどうかわからなかったが、ウチナーグチで周囲を圧倒していた。ところがあとで聞いてみると、本人はあくまでも標準語ではなしているつもりだったらしい。

キッチン機器のメンテナンス会社に勤める奥間は33歳。いまから15年前の1979年、高校を卒業すると同時に東京ガスに就職して上京。当初は大学に通っていた兄のアパートで共同生活をしていたが、その後は運転手、営業、内装屋、水商売など仕事をいくつか変わりながら、生活の場も都内各地を転々。そして現在は杉並区の阿佐谷でひとり暮らしをしている。

そして今年、奥間はある決断を下した。東京生活に見切りをつけ、来年にも沖縄に帰るという。沖縄に帰ることを決意した背景にはなにがあったのか、そして15年にも及ぶ東京の生活とはなんだったのだろうか。


「もう東京は充分だよ。やりたいことやったし、そろそろ帰ってもいい時期なんじゃないかと思って。

高校を卒業してすぐ来て、就職したのが東京ガス。下っ端っていうのは工事課っていうところに回されて、穴掘りとかさせられるの。新宿の歌舞伎町のど真ん中で穴掘りしてたら沖縄の知り合いに会っちゃって、『オマエなぁ、東京まで出て来て穴掘りしてるわけ？』とか言われて。沖縄でもアルバイトで穴掘りとかやってたからさ。

その後はいろいろ仕事したね。何種類したかね？　お定まりのコースで水商売までやったから。でも最初は、1年働いたら沖縄に帰ろうと思ってたの。ところがさ、いっしょに出てきた奴らが『俺は東京に永住する』とか言い出してさ、俺が帰ろうかなとかいうと、『ふ〜ん、根性なし！』とかね。それで結局ずるずる。若いうちはおもしろいところでしょ、東京は。沖縄と違っていろいろ刺激的だから。

仲間がいるうちはいいと思うんだ。さびしくなったら集まってねぇ、ウチナーグチでわいわいやってればさみしくないし。でも、ひとり帰りふたり帰りって少なくなってくるとダメだね。心割って話せるのが身近にいないと。東京に長くいればこっちの友達も出来るんだけど、なんかやっぱりさみしくなって方言で喋りたくなるんだよね。

最初こっちに来たときは兄貴のアパートに転がり込んでさ、週末になるとそこに何人も来るわけ。なんか合宿生活してるみたいで楽しかったよ。

そうそう、そういえば最初に東京来た日は雪が降ってたわけ。兄貴の部屋で、免税店で買ってきたウイスキー飲んでたんだけど、もうそわそわしちゃって。もう酒はいらないって言って、外に飛び出して雪だるま作ってたな、18にもなってよ。

兄貴のアパートを出てからはひどかった。従兄弟とふたりで部屋を借りたんだけど、いつも誰かしらいるわけ。いちばん笑えたのは、従兄弟も自分も知らないのが住みついてたことがあってさ、あれはびっくりしたな。

5年くらいそんな生活して遊んでたのかな、仕事も転々として、1年も続けばラッキーだったね。面接受けて寮に入ったんだけど、仕事する前に逃げちゃったりなんていうのもあったし。

そういう状況ってさ、いまでいう出稼ぎのアジア人といっしょよ。いまはもう見ないけど、『沖縄県人出入り禁止』なんて書いてある飲み屋もあったくらいだから。

いまやってるキッチンのメンテナンスの仕事も従兄弟といっしょなわけ。この仕事がいちばん長くてもう11年になるのかな。ふたりでいるときは方言で喋ってるじゃない。そうすると仕事が始まってお客様のところにいっても、なかなか言葉が戻らなくて方言が出ちゃいそうになってさ、使い分けが難しいさね。

嫌なのは沖縄に帰ったときに意地悪な友達が『おまえちょっとヤマトにかぶれたんじゃないか、イントネーションがおかしいぞ』とか言うんだよね。仕事しててもさ、いちばん楽なのは敬語だよ。考えながらしゃべるじゃない、だから方言が出る心配ないし。

来て15年になって仕事も住むところも転々としてきたけど、言葉だけは忘れないね」

目標が消えちゃうと、東京で暮らしていくのは大変だ

奥間が沖縄を出た理由、それはひとことで言ってしまえば「一旗揚げる」ためだった。沖縄でコツコツと働いて小銭を稼ぐよりは、東京に出て苦労はするかもしれないけど大きく稼ぎたい。そしてもしかしたら自分の会社を持てるかもしれない。そんな淡い期待もあった。

だが、大きく稼ぐどころか東京に来てからの5年は、その日暮らしの生活が続く。それでも若さのせいだろう、将来の不安も感じなかったし、毎日が楽しければそれでよかったのかもしれない。

そんな生活にピリオドを打ち、カタギの会社員として働きはじめた奥間に、結婚という転機が訪れる。それまでのしたことのなかった貯金も始めたし、給料もすべて奥さんにあずけた。奥間に言わせれば「東京で暮らす決心がついた」ということになる。それまでは長く続いたことのなかった仕事も10年を越え、それなりの給料も手にするようになった。

表面的にはすべてうまくいっていたように見える生活も、奥間にとっては違っていたようだった。

「去年離婚したのよ。なんでかなんていうことは話したくないけど。離婚したことが沖縄に帰ることを決定的にしたね。完全に踏ん切りがついたね。だから逆に、離婚しなければずっとこっちにいるつもりだったよ。マンション買わなくちゃとか思ってたし。でも東京も飽きたね。一生こっちで朽ち果てる気はないし、それだったら沖縄に戻った方がね。育った環境があるし、友達も多いし。

こっちにいると生活しているだけでいろいろ駆け引きしないといけないでしょ。それに心割れる人がごく限られちゃうし。いつも気をゆるめないで突っ張って生きていかなくちゃならないっていうのもあるし。

沖縄に帰ってからの仕事は、向こうの友達にあたってもらってるところ。一応キッチン関係で探してるんだけど、それほどこだわってないね。選ばなければなんでもあるっていうはなしだよ。ただ東京の水準に合わせて、こんな仕事がしたいとか、これだけ給料が欲しいっていうのはダメなんじゃやない。

まぁ14万くらい貰えればいいかなと。ヘンなはなし、東京って世界一生活水準が高いでしょ。でも沖縄は違うんだよね。給料も安いけど、生活費もそれほどかからないんだよね。

俺もう33でしょ。33ていえば沖縄じゃあもう会社の中堅になってるワケよ。帰れば俺は最初からやりなおしでしょ。でもそういうのが恥ずかしいとは思わないね。仕事世話してくれなんて頼んでるくらいだから。そういうのを恥ずかしがって、本当は帰りたいのに帰れないっていうのも多いと思うよ。

東京にはもう未練はないけど、でもちょっとさびしいね。だから毎日飲みに行っちゃうっていうのもあるし。毎日二日酔いだよ、俺。手、ふるえないからまだアル中じゃないのかな。

知り合いにね、友達がみんな帰っちゃってひとりだけ残ったのがいたの。川崎のほうに住んでたんだけど。さびしくて毎晩飲んでたらアル中になっちゃってさ。人ごとじゃないよね。心の割れる仲間がいればそんなことにはならなかったと思うけど、そういう仲間がいなかったんだろうね。

10代後半とかになるとさ、やっぱりみんないちどは東京に憧れるんだよね。『俺の一生は沖縄なんかじゃ終わらないぜ』みたいに。それでドキドキしながら出てくるんだけど、そんな思い通りに行くもんじゃないさ。まだまわりに仲間がいるうちはいいけどね。

最初の3年くらいはなにやっても楽しいよ。言葉に慣れて、生活に慣れて、街に慣れて、遊びに慣れて。すべてに慣れるのは7年くらいかかるんじゃないかな。問題はその後どうなるのかっていうことでさ。

こんなこと言っても、若いのにはわかんないと思うけどね。自分がそうだったから。だから東京で何年か生活してみるっていうのもいいことなんじゃないかと思うよ」

東京での生活がどれほど長くなっても、奥間には心休まる場所を見つけることができなかった。と同時に、「心を割って話せる」友達が同郷の友人以外にいなかったということだろうか。東京にいる理由をなくしたいま、奥間はさびしさをまぎらわすために、アル中になることを恐れながら飲み続ける毎日を送っている。

はなしをしていて、どこか引っかかるような、すっきりとしないものを感じていた。なぜ奥間は沖縄の仲間以外と「心を割って」話せなかったのだろうか。上京して1、2年というのならはなしはわかる。だが、10年以上も東京にいながら、奥間はいつまでも「沖縄」という殻をかぶりっぱなしだったんじゃないだろうか。

「自分にとって沖縄がなにかなんて、そんなに深く考えたことはないけど、でも生まれ育ったところだからそれなりの思い入れはあるよね。

東京にいて、なにか口論になるじゃない。そうすると冗談半分でさ、『うるせ～、俺は琉球人だからおまえらの言ってることはわからね～』とか言っちゃうけどね。

沖縄を特別誇りに思ってるとかはないんだけど、でも琉球人だってことは堂々と威張れるね。琉球人だって宣言しちゃうのは楽でいいよね。心情的には沖縄県人だと思ってるけど。この場合の『県』は普通の『県』じゃないよ。よそから独立している県だよ。だから琉球人ていうことなんだけど。

東京で生活してても、もうあきらかに人間の種類が違うって感じることが多いよ、ほんとに。大げさに言えば外国。特にこっちに来てすぐのころはすごく感じるんじゃない。なにもかもがはじめてで、だからなにやってても楽しいっていうのもあったんだろうけど。俺なんかもう長いけど、それでもいまだに違和感みたいのがあるし。

沖縄は日本と比べても、歴史的・文化的にも特殊じゃない。独自性があるっていうか。政治的に見てもいまだにあんなに大きなアメリカの基地があるし。だからかな、沖縄出身っていうと勘違いしてる人も多いよ。『沖縄出身ならこんな仕事しないで、もっといくらでもいいのがあるだろう』って。なに言ってるのかと思ったら、『通訳とかやった方が金になるだろう』だからね。沖縄では普段英語を喋ってると思ってるんだよね、ほんとうに。そういう勘違いってなぜか東北の人に多い。

東京にいると沖縄が見えるっていうけど、確かにそれはあるね。沖縄はせかせかしてないの、いい意味で。のんびりしてる。俺なんかはこっちの生活に慣れちゃってるから、たまに帰るとせかせかしてるって言われるし。でも来年沖縄に帰るって決めたせいかな、最近沖縄タイムが復活し始めてちょっとマズイかなと。

いつかは沖縄に帰るんだと思ってたけど、それが目の前に来るとなんだかね。東京でマンション買ったり、家買ったりなんていうことが出来るとは思ってなかったけど、でも正直に言えば東京に出て成り上がろうっていう気はすごくあったね。俺は用無しの末っ子だったし。

でも成り上がれないってわかっちゃうともうダメだね。もともとマジメに貯金しようなんていう気もなかったし。目標が消えちゃうと東京なんて暮らしていくだけで大変なとこなんじゃない。だから、東京でずっとやっていってる人はすごいと思うよ。こんなプレッシャーのかかる生活をずっと続けているんだから。もうそれだけですごいと思っちゃうよ」

個人的な資質の差、と言ってしまうとそこで終わってしまいそうだが、根はもっと深いのかもしれない。世代の差は考えられないだろうか。ぼく自身は体験したこともなければ、見たこともないが、かつては「沖縄人お断り」という店が何軒もあったと聞く。入店拒否ばかりではなく、結婚にしても就職にしても、「沖縄人」というだけで差別があったという。

奥間が上京したのは79年。すでに復帰から7年が過ぎ、あからさまな差別もなくなっていたはずだが、奥間自身も「沖縄県人出入り禁止」をその目で見ている。

さらに上の世代。かつて沖縄から東京に出たことのある奥間より上の世代たちは、多少の差こそあれ、差別を受けた体験があるだろう。そういった体験を奥間が聞いていたとしたらどうだろうか？

そう考えるとき、なぜ奥間が15年も東京にいて「心の割れる仲間」を作ることが出来なかったのか、ようやくわかるような気がするのだ。というのは考えすぎだろうか。Ⓣ

沖縄に帰ってきて、よかったことなんかないね。うん、ほんとに何もないね。

OKUMA Tsuyoshi
２００２年

奥間剛とはじめて会ってはなしをしたとき、なんだか自分よりもかなり年上の人とはなしているような錯覚を覚えた。実際にはふたつしか違わないのにそう感じたのは、見た目ばかりではなく、はやくから社会にでて働き、結婚もしたことがあるという、さまざまな経験の差だったのかもしれない。沖縄に帰ることを宣言していた彼は１９９５年、16年におよんだ東京暮らしに見切りをつけ、宣言通り沖縄へと戻っていった。

酒場の席で偶然知り合った奥間とは、共通の友人も知人もいない。沖縄に戻った彼がその後どこでなにをしているのかは、まるで知らなかった。奥間が毎日のように顔を出していた酒場のマスターに教えてもらった住所は、那覇市の国場。仕事が休みだという土曜日の午前中、地図を片手に国場にある彼の暮らすアパートを訪ねた。

「いまやってる仕事は墓づくり。中国から輸入した御影石を組み立てる仕事。親父と兄貴と3人でやってるんだけど、始めてまだ1年ちょっと。もともと親父が墓を作る職人で、もう歳だから引退していたんだけど、もう一度復帰してもらえないかっていう話が来て、それならいっしょにやろうっていうことで始めたんだけど、夏がたいへん。

東京にいたころは口で人を動かして仕事してたわけだから、職人のキツさはこたえるね。つらい。帰って7年になるけど、いろいろ仕事やったよ。6回かわったかな。クーラー屋でバイトやって、次にキッチン関係やって、港湾労働者やって、鉄骨の現場代理人やって、またクーラーに戻って、土木やって、で墓。

いろいろ仕事してきたけど、沖縄の社長っていうのはおかしいのが多くてさ、いい人に巡り会うのが大変だよ。すぐ威張り散らして。こうしたほうがいいんじゃないですかと意見すると、『俺の言うことが聞けないのか』だから。あんまりそういうのがうるさくなってくると、いいよもう辞めるでさ。なんであんな威張るのか、ほんと不思議さーね。人間育てたいのか、威張りたいのかっていうことでしょ。

東京だったら部下を育てて仕事を覚えさせれば自分は出世して楽できるっていう考えでしょ。

こっちはちょこちょこやって小金ができるとすぐに独立して、そうすれば金儲けができるっていう頭しかないから。だから小さい会社が多くていつもピーピーしてて、だから倒産も多いんだよね。自分なんかは18から東京に出てそういうの見てるから、仕事的には東京のほうが魅力的だよね。給料も安いし。職安とかで仕事探すじゃない、面白そうなの見つけて良さそうかな思うんだけど、給料12万。なんじゃこりゃ？ 俺を舐めてんのかーみたいにね。

いまやってる墓づくりは、力さえあれば技術もいらないね。組立工みたいなもんだから。プラモデルをでかくして重くした感じ。技術がいるわけじゃないし、どっちかっていえば楽なほうなんじゃないの。手取りも18万だから沖縄にしてみたらいいほうだし。

沖縄に戻ってきたばかりの頃は、沖縄のこと忘れてたね。言葉がわからないもん。聞き取れなかった。この人たち何語喋ってるのって。全然わからなかった。あと感じたのは、道路がすごくいいこと。内地だったら群馬とか長野とかで県境を走るとすごくおんぼろ道で、ところが新潟に入ったとたんピシーッとアスファルト舗装されてるでしょ、田中角栄のおかげで。沖縄は全部そうだからね、全部アスファルトでしょ、もう細い道まで。沖縄の人は優遇されてると思うよ、そういう公共投資の面では。

モノレールにしても、使う人そんなにいないと思うよ。物珍しさで最初は乗るかもしれないけど。那覇の人は使わんでしょ、使っても浦添、中城の人ぐらいじゃない。なんか見てるとムダが多いような気がする。もっと別のことで使い道あると思うけどね」

もういまさら結婚する気はないね。ひとりのほうが気楽でいいよ

18歳からの16年間といえば、それまでの人生の約半分近くを東京で過ごした計算になる。浦島太郎ではないが、戻ってみた沖縄は、必ずしもしっくりと落ちつける故郷というわけではなかったようだ。引っ越してきて半年あまりというアパートは、6畳二間にキッチン、バス、トイレ、それに駐車場が込みで月々4万5千円。一人暮らしにはじゅうぶんすぎるほどの広さだ。それもそのはずで、実は結婚するつもりでこのアパートを借りたのだが、なぜか結婚は破談となり、彼一人が暮らしているというのが真相らしい。室内はかなり殺風景で、まるで生活感が感じられない。家具類はコタツがあるのみで、壁際の大型のワイドテレビとビデオデッキが存在感を示していた。

なんか、こう言っちゃあ悪いが、沖縄に帰ってきて本当に正解だったのだろうかと思ってしまう。沖縄で働くことに不平不満があるのならば、かなりの額の給料を手にしていた東京暮らしに戻ろうとは思わなかったのだろうか。逆に言えば、口では文句を言いながらも沖縄を離れられない理由があるのだろうか。

「ずっと東京に行きたいって思ってるよ。いまでもいいはなしさえあれば行きたいと思ってるけど。収入の面がでかいね。ここにいていつもギリギリだからさ。なんで貯金できないのかな？東京にいた頃は、月々貯金できていたから。結婚してたときは月々こづかいが3万～5万くらいだったかな。それが離婚したら給料がいきなりまるまる自分のものになっちゃったじゃない、なに、俺って金持ちじゃない、みたいな。

アパートもちょうどこれくらいの広さに住んでたのかな、家賃が11万。それを狭いところに引っ越しして6万円ぐらいに落として、そしたらまた余裕ができるわけ。手取りで35万くらいもらってたから、貯金に10万、家賃とか水道光熱費で10万、あとの15万くらいは飲み食い生活費っていう感じだったから、いま考えたらめちゃくちゃだね。貯金してたのは、沖縄に帰るっていう前提があったからね。あの頃はお金なんて使っても使ってもあるような気がしたからさ。

ところがこっちに帰ってきたらいきなり給料3分の1でしょ。最初は実家にいたんだけど、30を過ぎた男が家に金も入れずに遊んでるわけに行かないから月々5万くらい親に渡して。東京にいるときは自炊したことなくて、腹が減ったら出前頼んでたけど、いまはそんな余裕ないから自炊してるけど。

2年くらい前だったかな、東京に戻ろうと思って行ってみたよ。現地視察みたいなかんじで。でもやっぱり生活リズムがすっかり沖縄になっちゃってるから、この歳になってまた東京でゼロからスタートっていうのを考えると勇気が出ないね。いい条件で迎えてくれるっていうなら別だけど、40歳っていうのはもう勝負する歳じゃないでしょ。

生活のリズムなんて普段は気にしないんだけど、これは大きいと思うよ。ひとつのところで5年も暮らせば、そこのリズムに慣れちゃうでしょ。それを変えることは簡単じゃないはずよ。だから東京や大阪に行っても、帰ってくる人はほとんど4、5年でしょ。それ以上になるとなかなか帰れない体になるんじゃない。

沖縄に帰ってきて良かったことなんてないね。改めて考えてみると本当にないね、うん。給料安くて、ゴミのように働いてるから。でもまぁ、良いところっていったら余暇が楽しくなったことぐらいじゃないの。金がないけどどうにか遊べるっていうのは沖縄でしょ。東京だと遊ぶところはいっぱいあるけど、どこも金かかるし、それになんかみんなに合わせていかなくちゃならないっていう堅苦しさもあるし。その点こっちはのんびりしてるからね。あくせくすることもぎくしゃくすることもないし、そういう意味では帰ってきて良かったのかなとも思うし、やっぱり沖縄が肌に合ってるんじゃないの。

高校を卒業してすぐ東京に行ったじゃない、だから沖縄では働いたことがなかったんだよね。最初から沖縄で仕事をしていればこんなもんなのかなって納得してたのかもしれないけど、東京が長かったもんだから、比較しちゃうんだよね。覚悟はして帰ったつもりだし、みんなはこっちで働いて生活してるわけだからね。文句ばっかり行ってても仕方がないっていうのはわかっているんだけどね」

なんのために仕事をするのかという質問に、ほとんどの人は生活のためと答えるに違いない。もちろんその仕事が好きだからという答えもあるが、世の中全員が好きなことをやっていては社会が成り立っていかない。だから、どこかで折り合いをつけて、本来やりたかったこととは別のことを仕事にしているというのが現実だろう。ただ問題は折り合いの付け方だ。安定を選ぶ人もいれば、給料の魅力で選ぶ人もいる。労働時間、勤務地、仕事内容など、選択の基準は人それぞれだ。

墓の組立工という仕事は、必ずしも奥間が積極的に選んだ仕事ではなかった。それでもやはりどこかで折り合いをつけているはずだ。沖縄のなかにあっては比較的給料がいい、というのが大きな理由だろうが、それだけではないような気がしてならない。彼が選んだのは、あくせくすることも、ぎくしゃくすることもない沖縄の空気なんじゃないだろうか。まずその空気があることが前提で、その空気のなかでより給料のいい仕事を選び、次々と仕事を変えていたのが帰ってからの7年という時間だったのだろう。

その空気さえあきらめて東京という外に出れば、以前と同レベルとまではいかないまでも、そこそこの給料を手にすることができるのはわかっているはずだ。にもかかわらず、ぶつぶつと不平不満を口にしながらも沖縄にとどまっているのは、居心地の良さゆえとは言えないだろうか。

仕事柄、これまで北海道から沖縄まで、さまざまな職業の人に会ってはなしを聞いてきた。そして気がついたのは、どういう仕事をしているのかということよりも、どういうふうに考えて生きているかという哲学のほうが、よほど興味深いということだった。経済的には決して恵まれているとは思えないような人でも、その人なりの哲学次第でとても豊かな生き方ができるという事例をいくつも見てきた。哲学などという言葉を使うと大げさだが、なにも小難しいことではなく、簡単に言ってしまえば、なにを楽しみに生きるかと言い換えてしまっても、あながち間違いではないだろう。だから、向上心にかけると言ってしまえばそれまでなのだが、奥間自身が意識しているかどうかはともかく、沖縄という空気のなかであくせくしないで生きていきたいという哲学を実践しているとは言えないだろうか。

「帰ってきたとき、10年後の自分みたいのを想像してたよ。ちゃんと真面目に働いて、稼ぎもそこそこあって、１００万、２００万は貯金があって、それで結婚もして、マンションでもお家でもローンが組めるかなっていう。そう思ってたんだけど、それが無惨にも全部飲み代に消えちゃった。最初の頃はすごかったよ、貯金があってリッチだったから。みんなで飲みに行っても、いいよいいよ俺が払うで2万、3万とじゃんじゃん使って。それがいまじゃ、ごめんお金貸して、だから。いまは飲みに行くっていうよりも酒買ってきて部屋でビデオ見ながら飲んでるね。金かかんないから。いちばんいいよ。

もういまさら結婚する気はないね。ひとりのほうが気楽でいいよ。どっか連れてってなんて言う人もいないし、文句言う人もいないし、ほんと気楽。結婚して子供でも出来てみなよ、いま40でしょ、子供が成人する頃にはもう60だよ、60。その歳になるまでひーひー働かなくちゃいけないなんて考えたら、もう絶対イヤだね。

東京にいたころは、たまに沖縄に戻ると毎晩宴会みたいに酒飲んでて、こういうのもいいなと思ってたんだけど、帰ってきたら、それは自分の勘違いだったって気づいたね。毎晩宴会みたいにしてたのは、たまに俺が帰ったもんだから集まってくれただけで、毎日飲んでるわけじゃないんだって。ビーチパーティーなんかも楽しみだったけど、そんなやってないね。だから帰ったばっかりの頃は、毎日友達と酒飲めると思ってたのに状況が違うから、ショックだったね。こっちは毎日会って毎日飲むつもりでいたから。

でもまぁ、とりあえず生活できているわけだからいいんじゃない。会社がつぶれなければ、当分いまの仕事を辞めるつもりもないし。東京に出たころは一旗揚げてなんていう野心もあったけど、途中で気づいたから、俺には人を使う能力がないなって。だから仕事は仕事として働いて、あとは酒でも飲んでのんびりと過ごしていければもう十分なんじゃないの」

冒頭で書いたように、ぼくと奥間の年齢差はわずかふたつ。そして話をしていても、終えた後でも、やはりなんだかかなり年上の人と話をしたような気分は今回も変わらなかった。なぜだろう？　奥間と再会するまでの7年の間に、それなりに仕事をして、結婚して、子供も生まれた。もう経験の差とかいう問題ではないだろう。四十にして惑わずではないけれど、なんか彼にはあきらめにも似た老成感めいたものを感じてしまった。それは彼ならではのポーズのような気もするし、本音のような気もするし、正直言って取材でしか会ったことのないぼくには計りかねた。Ⓣ

宮里剛成

MIYAZATO Masanori

1995年

もし沖縄に帰ったら大変ですよ。ぼくは車椅子から離れられないわけだから。

埼玉県所沢市にある国立身体障害者リハビリテーションセンターには、北は北海道から南は沖縄まで、全国各地からさまざまな理由で体にハンディを負ってしまった人たちが集まり、社会復帰を目指してリハビリに励んでいる。

22歳になる宮里剛成は1992年、このリハビリテーションセンターに入所。オートバイ事故で脊椎を損傷し、下半身不随。残念ながら今後も回復の見込みはなく、車椅子での生活を余儀なくされている。

取材前、彼についてのこんなはなしを聞いていたぼくは、会う約束はしたものの正直なところ足が重かった。これまでにはなしを聞いてきたウチナーンチュたちは、目的はなんであれ、全員が自分の意志で東京にやってきた人たちだった。だが、今回ばかりはちょっと、いや、だいぶ事情が違う。快く取材を受けてくれるという返事はもらったものの、それでもどこか重い気持ちを抱えて所沢に向かった。

「出身は沖縄市の山内です。中学を卒業するまでずっとそこにいて、それで中学を卒業してからすぐ東京に行ったんですよ。勉強は好きじゃなかったから、高校に行くつもりはありませんでした。東京でいとこの兄ちゃんがタクシー運転手をやっているんで、兄ちゃんを頼って仕事でも探そうかなぁって。いろいろ探したんだけど、なかなか雇ってもらえなかったんですよ。それでもようやく新しく開店するラーメン屋で働けることになって、それで1ヶ月して給料日に仕事に行ったらシャッターが閉まってて、店の人もいなくて……。結局1円ももらえないまま沖縄に帰ったんです。それが1回目。

2回目は友達とふたりで、解体の仕事があるっていうんで、また東京に。家を壊す仕事で、それは期間が決まっていたんで、終わってすぐ沖縄に帰りました。それで帰ってすぐだったかな、バイクでちょっと問題を起こしちゃって、保護観察処分になっちゃったんですよ。施設にはいるか、高校に通うかどっちかにしろって言われて、勉強は好きじゃないけど高校に行けば遊んでられていいかなぁと思って、それで翌年高校に入学したんです。でも結局すぐ辞めちゃいましたけどね。

それからは昼間土木現場で働いて、夜になるとオートバイで走り回って。自分でもこんな生活はマズイなぁと思ってて。そんなときに左官の職人をしている先輩が仕事を紹介してくれたんです。仕事も決まって、アパートも決まって、荷物も全部運び込んで、いよいよあしたから仕事だっていう日の夜ですよ。前を走っていたクルマを追い越そうとしたら、駐車してあったクルマにぶつかって事故して……。事故したのが17のとき。

背中を強く打って、すぐに中部病院に入院。さらにひどいことに、仕事を紹介してくれた先輩が、アパートにあった洗濯機だとかコンポとか、ぼくの荷物を全部持ち逃げしちゃったんですよ。もちろんお見舞いにはいちども来ないし。まぁそれでずっと入院していたんですけど、沖縄にはリハビリの施設なんかが充実してないんですよ。将来のこととか仕事のことなんかを考えると、リハビリ施設の整ったところに移ったほうがいいんじゃないかっていうことで、それでこっちに来たわけなんです」

国立身体障害者リハビリテーションセンターは、単に身体機能を回復させるための施設ではない。集団生活を送りながら、リハビリとともに、社会復帰のための職業訓練校としての役割も果たしている。障害の種類によって何種類かの仕事が選択できるようになっていて、手先の器用さには自信のあった宮里は彫金の技術を学んでいる。

センターの入所期間は一律4年。彫金の場合、一人前の技術を身につけるのに10年はかかるといわれている。そのため、毎日の生活はかなり厳しいスケジュールが組まれている。毎朝9時には仕事が始まり、終業時間も一般企業並に17時頃まで。健常者にとっては当たり前でも、まだ技術も未熟で、しかも障害を負っている入所者たちにはハードな毎日に違いない。だが、限られた期間内で社会復帰を目指す彼らにはそんなことを言っている余裕はないのかもしれない。

だが、厳しい生活のなかにも楽しみがある。金城は彫金が終わると毎日のように車椅子バスケットの練習に汗を流しているのだ。バスケットは健常者だった中学時代からやっていて、車椅子の生活になってからも、沖縄の車椅子バスケットチーム『シーサークラブ』に所属していた。そしてこのリハビリテーションセンターに入るきっかけもバスケットが縁だった。

「『シーサークラブ』の先輩がここを勧めてくれて、はなしを聞いてみたら良さそうだったんで、じゃあ行ってみようかなと思って。いまではバスケットの練習がいちばんの楽しみです。一応練習は月・水・金の週3日なんですけど、うまくなりたいから彫金が終わると体育館に行って自主トレみたいに毎日練習してるんです。

ここの生活は規則正しくて、夜の9時半に点呼があって1日が終わるっていう感じなんですけど、でも点呼が済めばあとはガードマンが見回りに来るだけなんで、抜け出して飲みに行ったりしてますけど。本当はいけないんだけど。だからバレないように。

食事にしても食堂があるし、出前をとってもいいし。沖縄の食べ物はね、親に送ってもらっているんです。でもいちどソーキを食べたくなって冷凍モノを送ってもらったんだけど、受け取ったら腐ってました。冷凍モノはダメですね。だから電子レンジでチーンして食べられるのを送ってもらって。

沖縄のことはね、こっちに来たときはもう毎日のように思い出していました。毎日ベッドに写真を広げて、眺めて。懐かしいなぁ、良かったなぁなんて。だってようやく就職も決まったし、あの頃は東京に行く気なんて全然なかったんですから。でもいまは慣れちゃって、そんなに思い出すこともないけど。

いまじゃ食べ物も飲み物も、こっちの人になっちゃってる。方言も忘れた。ナイチャー弁になってる。こんな体になってからは、健常者の友達より車椅子の友達とのつきあいのほうが多いし。沖縄からこっちに来ている健常者の友達が茨城や東京にいるんだけどなかなか会えないし。健常者の友達とは実家に帰らないと、沖縄に帰らないと会えないですよ。春休みと冬休みは強制的にここを出されるんで、這ってでも沖縄に帰らないと居場所がないんで、だから毎年帰ってはいるんです。沖縄の友達も、冬と春に帰ってくるのを知ってるもんだから、電話してきてくれて、遊びに来てくれるんですよ。毎日。うれしいですよ。

こっちにいると、『ああ、沖縄って平和だったなぁ』なんて感心しちゃうんですよ。こっちは物騒じゃないですか。サリンだとか。チーマーなんていうワケのわかんない奴らもいるし。沖縄は小さいし。

いまいちばん不安なのがここを出てからのことです。あと1年でここを出ないといけないから。だからそのときは、住むところを探して、どこかに就職するしかないんですけど、彫金をやってる会社なんていつ潰れてもおかしくないような零細ばっかりっていうのが現実で。いま景気が悪いでしょ、だからどうなるかわからないですね」

沖縄に帰ったら、外人住宅に住めたらいいな

就職を考えた場合、健常者と障害者とではどちらが有利かは火を見るより明らかだ。さらに障害者のなかでも、車椅子ということになると、その門はさらに狭きものとなってしまう。というのも車椅子の場合、階段をスロープに改修したり、トイレも車椅子のまま出入りできる広めのものが必要だし、ドアの段差も直さなければならない。それらの改修工事の費用は国からの補助が出るとは言え、そこまでして…というのが企業側の現状だろう。

さらに現実はもっと厳しい。例えば街を歩くとき、健常者にとってはどうということのない段差も、車椅子では上るのが困難だとはよく言われていることだ。よく言われているにもかかわらず、車椅子でもスムーズな往来が可能なように工夫されているのは、公共施設と一部の交通機関、そして大型店舗ぐらいのものだ。いくらポイントを整備しても、ポイントとポイントを結ぶ歩道などを整備しない限り、車椅子利用者が介助なしに行動範囲を広げることは難しいのだ。

だからたとえ宮里が就職先を見つけられたとしても、そこに通うための道が整備されていて、しかも住居はエレベーターのあるマンションか、階段を使わなくてもすむ1階の部屋をうまく見つけなければならない。勤め先を見つけたとしても、クリアすべき問題が少なくないというわけだ。

「あとぼくの場合、下半身に痛いとか痒いとか全然感覚がないんです。普通の人は長時間座って

ると尻が痛くなると無意識にでも姿勢を変えたり座り直したりするんだけど、ぼくの場合はなんの感覚もないし、動かせないものだから、長時間座ってると床ずれみたいになっちゃうの。だから健常者と同じようには仕事も出来ないんです。そういうことも理解してくれる会社じゃないと難しいですよ。

就職先はここを出たバスケットの先輩とか、このセンターからも紹介してもらえるんですけど、彫金の仕事は難しそうですね。できればこっちで就職して、ずっとこっちで生活したいと思ってるんです。ここにいれば外に出ても、誰もヘンな目で見ないじゃないですか。こういうセンターがあるから、障害者がいても当然っていうかんじで。でも、ほかのところに行くと、『なんだ、コイツ』みたいに見られるし。

たとえ沖縄に帰ったとしても、仕事がないですしね。もし帰ったら大変ですよ。ぼくは車椅子から離れられないわけだから、家を全部改装しなくちゃいけないだろうし。風呂ひとつとっても、車椅子と同じ高さに改造して、ポチャンて入れるようにしないといけないし、トイレだって車椅子ごとは入れるような大きいのにしないとダメだし。仕事だって彫金をやろうとしたら自営でやるしかないじゃないですか。自営でやるにしても、溶接の機械だとか道具を揃えるだけで大金が必要だし。

でも、本当のことを言うと、実はね、沖縄に帰って外人住宅に住みたいなって思ってるの。沖縄市にならあるんじゃないかと思って。なんで外人住宅かっていうと、外人住宅って普通の家よりも広々作ってあるじゃないですか。ふすまとかじゃなくてドアでしょ。だから敷居とかがないから、車椅子でも大丈夫でしょ。そういう作りの家だったら沖縄でも大丈夫かなぁって。だからあとはやっぱり仕事ですよ。仕事さえなんとかなればね……」

リハビリテーションセンターにある宮里の個室は6畳ほどの広さで、壁際にベッドがあり、小さな冷蔵庫と申し訳程度の流し台がついている。片づけられた部屋には無駄なものがなく、きれいというよりは殺風景で、3年間も暮らしているというのに、まるで生活感がない。ビジネスホテルの1室にいるような気がして、それこそが宮里の状況を象徴しているのではないかと思った。

帰りたい気持ちがあっても、それを許す環境を整えることがどんなに困難であるかをわかっているだけに、宮里は沖縄に帰ることをなかばあきらめかけているように感じられた。本来自分がいるべき場所がどこなのかはわかっているのに、そこに戻れないもどかしさと漠然とした不安。そういったものを一瞬でも忘れさせてくれるのがバスケットで、そういうこともあって彼はバスケットに打ち込んでいるのかもしれない。

1年後、就職が決まっても決まらなくても、宮里はセンターを出なければならない。うまく仕事が見つかり、生活していくことができるというのであれば、医療施設の充実した東京で暮らしていくほうがいいのかもしれない。だが、それはあくまでも経済的、医療環境を考えてのはなしであって、そこに心はない。どちらかを選択しなければいけない時が来るのはもうそう先のはなしではない。Ⓣ

MIYAZATO Masanori
2001年

とうじがいて、子供がいて。10年後、そんな生活ができたらいいなぁ。

まず最初に電話をしたのは、埼玉県所沢市にある国立身体障害者リハビリテーションセンターだった。ところがここではセンターを出て最初に就職した会社の連絡先はわかったものの、現在の連絡先まではわからないという。次にあたったのは就職先である埼玉県内の彫金関係の会社。だがなぜか会社側の対応は冷たく、そういう人はいたけどとうの昔に辞めて、沖縄に帰ったけど連絡先は知らないという。

宮里剛成についてぼくが聞いていた噂は、こっちで就職したもののうまくいかず沖縄に帰ったらしいというものと、沖縄に帰って那覇市役所で働いているらしいというものだった。その噂だけを頼りに、祈るような思いで那覇市役所に問い合わせてみた。しかし結果はそのような人物は市役所にも、水道局にも、清掃局にも、どこにもいないという。振り出しに戻ってしまった。

手がかりをなくしたぼくは、『wander』のバックナンバーを引っぱり出してもういちど読み直してみた。どこかに探し出すヒントがあるかもしれない。なんてことはない、読み返してすぐに見つけた。出身が沖縄市の山内。ということは、那覇市役所ではなく沖縄市役所という可能性はないだろうか。さっそく沖縄市役所に電話をするも、またもやそのような人物はいないというつれない返事。でも、もうここを逃したら見つけられないような気がして食い下がり、取材でどうしても会いたい旨を伝え、なんとか戸籍係にまわしてもらった。

ぼくの必死さに気後れしたのか、係の人はパソコンのデータを全部プリントアウトして調べてみるが、かなり時間がかかりそうだという。それはそうだろう、だってわかっているのは宮里剛成という名前と年齢だけ。あとはなにもわからないし、沖縄市に住んでいるという確証もないのだから。

翌日、沖縄からうれしい電話がかかってきたのはお昼を過ぎたころだったと思う。宮里剛成という人物が山内にいること、年齢もぴったり合っていること、たぶん探しているのはこの方でしょうということだった。このときほど公務員が神様に思えたことは、後にも先にもない。

そして2001年7月、ぼくは沖縄に飛んで、沖縄市の山内の自宅に宮里剛成を訪ねた。

車椅子で生活する宮里にとって、健常者にはどうってことのない小さな段差も移動のさまたげになる。車椅子でも支障のないようにと改装された自宅は、玄関を開くとスロープがあって、車椅子を降りずにひとりでも出入りできるようになっている。もちろんトイレも室内もすべてバリアフリー。車椅子でも不自由なく生活しているようだ。

「オレ、変わったんじゃないですか？　ハハ、だいぶ太ったから。バスケットやらなくなったら太り始めた。沖縄に帰ってきた頃はシーサークラブっていう車椅子のバスケットボールクラブに入ってたんですけど、そこで知り合った人がたまたま障害者の職業訓練校に通っていて、自分も行ってみればぁと勧められて、それでオレも通うようになったんです。

帰ってすぐのときは、埼玉で覚えた彫金の仕事を探してたんだけどないわけよ。工場とかもあたってみたんだけど、やっぱり設備が整ってないとか、仕事場が2階だったり、車椅子じゃ狭いとかで全然ダメで。親なんかはせっかく埼玉で勉強してきたんだから自宅でやればとも言ってくれたんだけど、機械を揃えるだけで200万くらいかかるし、薬品とかも使うんでやっぱり自宅じゃ難しいっていうことであきらめて。

もうやることもなくて、バスケットだけやってあとはなにもやらないでプータローみたいに遊んでた。だから、そんなときに訓練校に誘われたから、彫金だけにこだわってたらなにも仕事が出来ないと思って、もうすぐに通うことにしたわけ。

訓練学校は具志川と浦添にふたつあって、浦添は簿記っていうか事務系で、具志川のほうは製図、設計、建築関係。オレは具志川のほうに行ってみようかぁということで行って、そこで1年くらい建築の勉強したんです。おもにパソコンを使って設計図を描くっていう勉強をして、卒業してからは沖縄コロニーというところに就職したんです。そこはもともとは葉書とか封筒の印刷なんかをしていたんだけど、新たに建築関係にも取り組んでいくっていうことで。そこでずっと建築の製図をコンピュータを使って書いてたんです。もうそのころにはバスケットにも全然行ってないですね。

勤めて2年くらいしたころだったかな、バスケットをやっていたときの知り合いが沖縄市役所に勤めているんだけど、市役所が泡瀬のほうに新しく作った文化プラザっていう施設で職員を募集しているけどやってみないかって声をかけてくれて。こういう体だから、公務員ていう安定した職場の方がいいんじゃないかと考えて、2000年の10月から文化プラザでコンピュータ指導員として働くようになったんです」

宮里剛成が勤務しているのは沖縄市役所の障害福祉課が管轄する文化プラザで、立場としては嘱託職員。市役所の職員なのに問い合わせてもわからなかったのは、もしかすると嘱託という身分のせいだったのかもしれない。嘱託職員は正規の職員と異なり、1年ごとの契約なのだが、自分から退職を願い出ない限り、契約をうち切られることはないという。

主な仕事は来館者にパソコンの使い方を指導することなのだが、これまで彼がパソコンを勉強したのは具志川の職業訓練校での約1年。しかもそこでは製図の書き方を専門に勉強してきたわけで、基礎から系統立てて学んだわけではない。いくら初心者の指導とはいえ、パソコン全般を勉強したことのない彼にとってはそれほど簡単なはなしではないだろう。部屋の本棚にはパソコン関連のマニュアル本が何冊も並び、カレンダーにはパソコンの検定試験の日程が記されていた。

職場では必ずしも検定資格が必要というわけではないのだが、彼は「word」と「Excel」の検定試験を目指して独学で勉強しているのだ。なんの確約もないが、一生懸命に真面目に真剣に仕事に取り組めば、嘱託ではなく、正規職員として採用してもらえるのではないかと考えているのだ。そこまで宮里を頑張らせるのには理由がある。

ぼくが自宅を訪ねる10日ほど前、なんと彼は結婚して入籍したばかりだったのだ。

結婚はね、もう誰もが驚くような出来事。大どんでん返し

時間は前後するが、ぼくが最初に宮里に出会ったのは1995年の春のことだった。そのときは国立身体障害者リハビリセンター内にあった彼の自室ではなしを聞かせてもらっている。そして彼がリハビリ期間を終えて埼玉県内の会社に就職したのがその翌年。だがせっかく就職した会社を彼は1年もたたないうちに辞めて沖縄に戻っている。

インタビューのなかで、彼は「できることならこっちで就職して、ずっとこっちで生活していたい」と話している。だが実際には沖縄に戻り、就職して、結婚して、現在の生活を手に入れたわけだ。結果的にみれば、「やっぱり沖縄に戻って本当によかったねぇ」ということになるのだが、それでもなぜ島に戻ることになったのか、それが知りたかった。

「あまり喋りたくないけど、いろいろあって会社とももめて辞めたから。オレは下半身に神経がないもんだから、長時間座っていても痺れるとか痛いっていう感覚がないんですよ。健常者だったら痛くなったら尻を動かしたりするでしょ。それがないもんだから、長時間座っているとオレ

なんかはお尻が床ずれになっちゃうんですよ。就職した会社でコレやっちゃって。2週間くらい入院したりして、いちどやると治すのにすごく時間がかかって、それでもうお前沖縄帰った方がいいって言われてクビ。病院に親とかも来てくれたし、沖縄を想う気持ちっていうか、ホームシックもあったかもしれない。沖縄に戻ったのが25だったかな。

向こうに行ったのはいい経験にはなったと思う。食事から洗濯まで全部自分でしなくちゃいけないから、親のありがたみを実感したっていうか。でも、そんなにいい思い出はないですね。埼玉全部が嫌な思い出ばっかりじゃなくて、そりゃ楽しかった思いでもいっぱいあるんだけど。いまでもリハビリテーションセンターでいっしょだった仲間は、沖縄に来れば声かけてくれるし。泊まってるホテルに麻雀しに行ったりしてね。だけど友達が出来たこと以外は楽しい時期じゃなかった。

沖縄に帰ってきて自分ではとっても良かったと思う。向こうで成功する人もいるし、向こうでは失敗したけれど帰ってから成功する人もいるし、人それぞれだから。オレは沖縄に戻ってからすごく自分に余裕が持てているし、精神的にもゆったり出来てると思う。

結婚はね、もう誰もが驚くような出来事。大どんでん返し。自分でも一生結婚できないと思ってたさ。健常者の友達も結婚まだなのに、このオレがでしょ。いちばん喜んでくれたのは母親。ひとりっ子で長男が昔は昔で迷惑ばっかりかけて、今は今でこんな体になっちゃったんだから。つきあい始めて4ヶ月でスピード結婚。でも誰よりも自分のこと理解してくれて、いいなぁと思って。知り合ったのは職場で、彼女が市民プラザにパソコンを習いに来てたわけ。仕事するふりしてオレなにしてたんでしょうねぇ。

市民プラザは2階が児童館になっていて、オレは1階にいるんですよ。1階には生活支援相談センターっていうところもあるんで、いろんな障害のある人がくるんです。オレみたいに車椅子の人は外出が簡単じゃないからあんまり来ないけど、心が風邪をひいてる人、悪く言うわけじゃないけど、精神的な障害を持ってる人が多くて、そういう人にもパソコンを教えてるわけ。心が風邪をひいてる人は、落ち着きのない人もいて、パソコンの前に長時間座って勉強するっていうのが難しくて、出たり入ったり出たり入ったりするんで、教えるのも難しい。そういう人たちとはそれまで交流がなかったから、最初の頃はどういうふうに対応したらいいのかわからなくて、本当に自分がおかしくなりそうでした。でもいまはだいぶ慣れて、友達みたいに接するようになれたけど。

いまの仕事は、体力的にきついとかそういうのはないですけど、本当のことを言えば、ちょっと給料が少ないかな。本採用じゃないからボーナスも出ないし。訓練校に通っていると月々手当が出たんですけど、いまの給料はそれより少ないから。でも、沖縄は仕事が少なくて、健常者の人でも仕事に就けない人がいっぱいいるわけだから、それを考えるとあんまり文句も言えないし。それにオレっていう人間を認めてもらえたから役所に入れたと思ってるわけ。だからそれに応えられるようにもっと努力しないと、と思ってるんです。やっぱり結婚もしたし、少しは責任感も感じないといけないから」

以前の印象とはずいぶん違う。自分自身に自信と、将来への欲（もちろんいい意味での）が出てきたのに違いない。埼玉ではなしをしたときは、自分の障害に対してどこかなげやりなところがあったような気がする。でもそれは当然だろう。もしぼくが宮里のように車椅子で一生を過ごさなければならなくなったとしたら、いくら運命を呪っても呪いたりないことだろう。生きていくという気力すら衰えてしまうかもしれない。想像すらできないが、彼だって運命を呪って呪って呪って泣いて泣いて泣いたに違いない。そこから立ち直ったのは、自分に余裕を持てるようになった「沖縄で生活する」ということの意味が大きかったのではないだろうか。

　家族がいて、親戚がいて、友達がいる。そんな当たり前の、普段着の、心のよりどころがある環境に身を置くことで彼自身、下半身麻痺という障害と和解して、将来を見つめることができるようになったのかもしれない。そして彼にはまだ大きな夢があった。

「子供が欲しいんです。自分はこんな体なんで、下半身の感覚もないし、子供ができるかできないかわからんけど、でも相当重い病気に罹らない限りなかなか精子は死なないって病院で言われたから、だからまだチャンスはあるかなぁと思ってるさ。もしできればいろいろ検査をしてもらって、なんとか子供がほしいなぁと思って。検査を受けて結果を知るのは怖いけど、やってみないことにはわからないんで、挑戦するだけ挑戦してみようと。ダメだったらダメでまたほかに考えればいいし。でも、インターネット使って調べてみたけ

宮里剛成

ど、その検査だけでも10万、20万て当たり前のようにかかるっていうから。それがいちばんの問題。

とぅじがいて、子供がいて。10年後、そんな生活ができたらいいなぁと思ってるんですけどね」

沖縄市役所に教わった宮里剛成の自宅に電話をすると、電話に出たのは彼のお母さんだった。用件を告げると、お母さんはものすごくうれしそうに息子の近況について話し始めた。市役所に勤めていること、もうすぐ結婚すること、そして相手がどれほどいい人であるのかを一生懸命に伝えてくれた。うれしくってうれしくってしょうがないという気持ちがはずんだ声といっしょに電話からも伝わってきて、受け答えしているぼくも、すごくうれしい気持ちになったことを覚えている。

重い足取りで埼玉のリハビリテーションセンターに彼を訪ねた1度目。はやく顔を見たくて約束の時間より30分以上も早くついてしまい、近くのコンビニでジュースを買って時間をつぶした2度目。同じ人物に会うのに、これほどまで気分が違うことがおかしくって、ジュースを飲みながら自分でも笑ってしまった。

もし次にゆっくりと会う機会があったならば、どうかまた楽しみな気分で会えますように。Ⓣ

あとがき

その後の「東京の沖縄人」

フリーのライターというのは、ものすごくあやふやな仕事だ。「どこの組織にも属さないで、自由な立場からモノを書く」というのが本来なんだろうけど、自分の書きたいものを好きなように書ける場はそうそうあるものじゃない。たいていの場合は与えられたテーマと、大まかの文章量を定められたなかでしこしこと仕事をこなしていく。「フリー」とは言いながらも（駆け出しの頃は特に）制約も多く、かなり窮屈な面もあるのだ。

雑誌『Wander』で「東京の沖縄人」の連載をはじめた頃、ぼくはまさに駆け出しのライターだった。なんの制約もなく、好きなように書くことのできる場を与えられたのははじめてのことで、うれしい反面、正直にいえば制約がなさすぎてどういうふうに書けばいいのか戸惑ったのを覚えている。そして結果的に7年にも及んだ連載（年に4～3回だけど）というのも「東京の沖縄人」以外にない。そんなわけで「東京の沖縄人」には、特別愛着を持っているのだ。

２００1年の冬から、約1年にわたって「東京の沖縄人」たちのその後を追いかけたわけだが、彼らにはもちろんその後の物語が続いている。２００2年のあいだに、大きな出来事のあった数人のその後のその後を、ほんのちょっとだけ報告しておきたいと思う。

○喜納理香子。２００2年5月、なんと本人もびっくりの電撃結婚！　取材したときはそんな気配すらなかったのに。

○伊良皆誠。２００2年8月、ｔｈｉｓ　ｉｃ2枚目のアルバム「ＭＩＸＥＤ　ＦＥＥＬＩＮＧ」を発表。全国のタワーレコードでインディーズの売り上げチャート1位を記録！

○宮国優子。彼女の２００2年はまさに大車輪の活躍！　4月、さいが族酋長としてボーダーインクより出版した「読めば、宮古！」が大ブレイク、そして11月には無事長女を出産！
○もとむらまりえ。目指す音楽の方向性の違いから、ご主人が所属事務所を辞め、再び夫婦ふたりの手作りライブで活動を再開。

と、まぁ文字にしてしまうと実にあっけないんだけど、人生いろいろなんだなぁというのがいまの実感。

それにしても、読み返してみると、よくぞみんないろいろ語ってくれたものだとほんとうに感謝、感謝！　というか、なかには酔っぱらって思わず口にしてしまった、なんていう人もいるかもしれないけど。普段は口に出さないだけで、沖縄という対象をまえにすると、思っていること、感じていること、考えていることが、人それぞれに溢れているのだなぁということが、よ～くわかったような気がする。そしてみんなが語るべき言葉とできごとを持っているという事実は、沖縄人の強みと言えるんじゃないだろうか。

最後に、快くインタビューに応じていただいた17人の沖縄人と、さらにイラストを提供してくれた金城勇二氏、なかなか上がらない原稿を辛抱強く待ち続けてくれた新城和博氏に、遠い銚子の空の下から、どうもありがとうと大声で叫んでおきたいと思います。

どうもありがと～。

２００２年12月

新垣　譲（あらかき・ゆずる）
1964年東京都板橋区生まれ。大学除籍後、週刊誌編集者を経て、フリーのライターへ。
旅行雑誌、アウトドア雑誌などで、おもにインタビュー記事を中心に執筆。1997年、晴釣雨筆の生活を夢見て、千葉県銚子市に移住。
著書に「にっぽん自然派オヤジ列伝」（山海堂）、ボーダーインクでは共著「島立まぶい図書館からの眺め」など。座右の銘は、『チャリンコ精神こそ失意からの脱却である』。

E-mail arakaki@js8.so-net.ne.jp

インタビュー
東京の沖縄人
「東京」で暮らし「沖縄」を思う若きウチナーンチュたち

2003年3月10日　初版発行
著　者　新垣　譲
発行者　宮城　正勝
発行所　（有）ボーダーインク
〒902-0076 沖縄県那覇市与儀226−3
電話 098(835)2777　fax 098(835)2840
http://www.borderink.com
印刷所　（株）平山印刷

読めば　宮古！

あらがまパラダイス読本

さいが族編　四六判200頁

宮古がわかる爆笑コラム集。宮古人が語ったワイルドでキュートな宮古森羅万象！読んでみるべき〜！

定価（1500円＋税）

道ゆらり

南風〈みちくさ〉通信

新城和博　B6変形判298頁

熱発的おきなわとぅるばいコラム！　この2、3年、おきなわで起こったあれこれ。休みの日、普通の日、ゆらりと歩いて見つけたこと。

定価（1600円＋税）

海の中でにらめっこ

写真絵本2　石垣島の海

やまもとひでき　A4変形判カラー40頁

海の中にはいろいろな生き物がいっぱい。怖い顔、とぼけた顔、ユーモラスな顔など海の生き物たちの表情をとらえた写真集。

定価（1400円＋税）

グスク探訪ガイド

沖縄・奄美の歴史的文化遺産〔城・グスク〕

名嘉正八郎　A5判144頁（カラー24頁）

2000年に世界遺産に登録されたグスク遺産9つと奄美・沖縄の54箇所のグスクの概要、歴史、物語を中心にデータ、遺構調査の結果なども記載。

定価（1800円＋税）

松山《マチヤマ》御殿《ウドゥン》物語

明治・大正・昭和の松山御殿の記録

「松山御殿物語」刊行会

四六判上製本286頁（カラー8頁）

琉球王国最後の国王尚泰の四男尚順とその家族の遺稿や記録。尚順の琉球文化に関する名随筆や御殿語彙ノート等。

定価（3000円＋税）

海と島の景観散歩

沖縄地図紀行

大木　隆志

A5判172頁（カラー44頁）

硫黄島から与那国島まで沖縄各地の島々を歩き、さんご礁の地形や島の風景の味わいを新しい視点で綴った紀行写文集。

定価（2600円＋税）

八重山ネイチャーライフ

シマの暮らしと生き物たち

深石隆司　四六判200頁（カラー4頁）

八重山に移り住んで25年。シマの暮らしで体験した人と自然の関わりを綴ったエッセー集。

定価（1600円＋税）

ばさないBooks①

カチャーシーどーい

黒潮文化と乱舞の帯

仲宗根幸市　四六判115頁

徳島の阿波踊り、奄美・八重山の六調、そしてカチャーシー。しまうた研究者がつづる「ぞめき」への熱い想い。

※「ばさない」は芭蕉の実、バナナの事。

定価（1200円＋税）